QUELLEN-NACHWEIS

Fokker, The Man and the aircraft	Harleyford 1961
Lamberton-Cheesman, Fighter aircraft of the 1914-18 War	Harleyford 1960
Nowarra-Brown, Richthofen and the Flying Circus	Harleyford 1958
Nowarra, 50 Jahre Deutsche Luftwaffe, Bd. 1–3	Interconair 1964
Nowarra, Heinkel und seine Flugzeuge	J. F. Lehmann 1975
Kens–Nowarra, Die deutschen Flugzeuge 1933-45, 5. Auflage	J. F. Lehmann 1976
Nowarra, The Focke-Wulf 190, a famous german fighter	Harleyford 1965
Hitchcock, Messerschmitt "O-Nine"-Gallery	Monogram 1973
Nowarra, Die Ju 88 und ihre Folgemuster	Motorbuch 1978
Nowarra, Die 109	Motorbuch 1979
Nowarra, Die verbotenen Flugzeuge	Motorbuch 1980
Nowarra, Die Entwicklung der Flugzeuge 1914-1918	J. F. Lehmann 1959
Atlas Deutscher Seeflugzeuge	Seeflugzeug-Versuchskommando 1918

FOTO-NACHWEIS

Messerschmitt-Bölkow-Blohm GmbH, Werk Bremen
Dornier GmbH, München
Helmuth Roosenboom, Bremen
Archiv Nowarra

Genehmigte Lizenzausgabe für „Edition DÖRFLER" im NEBEL VERLAG GmbH, Utting

1 2 3 4 5 5 4 3 2 1

INHALT

VORWORT

Dieses Buch kann und will nicht eine detaillierte Geschichte des deutschen Jagdflugzeugbaus oder der Jagdwaffe sein. Dies ist bei dem beschränkten Umfang nicht möglich. Es soll nur einen allgemeinen Überblick über die Tendenzen im deutschen Jagdflugzeugbau an Beispielen aus der Zeit von 1915 bis 1945 aufzeigen und an Hand von Beschreibungen mit technischen Daten, Drei-Seiten-Ansichten und Abbildungen darstellen. Verfasser und Verlag hoffen, daß dies gelungen ist.

PREFACE

It is not the intention of this book to be a detailed history of the German fighter-aircraft-development or of the German fighter-force. This was impossible due to the limited size of the book. It will only give a general review on the tendencies of German fighter-design by examples out of the time from 1915 till 1945. These will be shown by short descriptions, technical data, three-side-views and photographs.
Author and publisher hope that they have fulfilled their task.

Harreshausen, January 1985 *H. J. Nowarra*

DIE ENTSTEHUNG DER JAGDFLUGZEUGE

Charakteristikum des Jagdflugzeugs ist die starr eingebaute, nach vorn feuernde Bewaffnung. Der erste, der diese Idee hatte, ist der Deutsche August Euler, der sich bereits im Jahre 1912 ein Flugzeug mit einer solchen starren Bewaffnung, aber bei hinten liegendem Motor patentieren ließ. Diese Priorität ist später von Fokker ausdrücklich anerkannt worden. Er hat auch nach Prozeß entsprechende Lizenzgebühren an Euler gezahlt. Einen anderen Weg ging der in Deutschland arbeitende Schweizer Franz Schneider, der sich bereits am 15. Juli 1913 ein synchronisiertes, durch die hohle Propellernabe feuerndes Maschinengewehr patentieren ließ. Anfang 1914 baute Raymond Saulnier ein synchronisiertes Maschinengewehr, das aber durch fehlerhafte Munition nicht funktionierte. Als 1914 die deutschen Flieger nach einer solchen Waffenanlage verlangten, verweigerte man unbegreiflicherweise Schneider ein MG zur Verfügung zu stellen, um die erforderlichen Versuche durchzuführen. Bei den Franzosen reagierte man schneller. Saulnier baute auf einem der von ihm und seinem Kollegen Morane entwickelten schnellen Einsitzer ein starres MG auf. Um eine Beschädigung des Propellers beim Schuß zu verhindern, erhielt dieser Stahlabweiserschienen. Im März 1915 erschien der berühmte französische Vorkriegsflieger Roland Garros mit diesem Morane-Saulnier N-Eindecker an der Front und schoß damit am 1. April 1915 als Erster einen deutschen Zweisitzer ab. Weitere Abschüsse erfolgten am 13. und 18. April 1915. Aber bereits am 19. April ereilte ihn sein Schicksal. Er wurde von deutscher Flak abgeschossen und geriet in deutsche Gefangenschaft. Jetzt ereignete sich etwas Seltsames. Nicht Franz Schneider, sondern der in Deutschland arbeitende Holländer Antony Fokker erhielt die Reste des Flugzeugs mit dem starren MG-Einbau. Angeblich, weil er der einzige war, der ebenfalls schnelle Einsitzer nach Art des Morane N baute. Aber die Firma Pfalz in Speyer baute sogar genau nachgebaute Morane-Eindecker. Fokker war zwar kein guter Flugzeugkonstrukteur, hat es aber immer gut verstanden, die Ideen anderer auszunutzen, um etwas Eigenes zu schaffen. So auch jetz. Der Versuch, den Stahlabweiser bei einem deutschen MG zu verwenden, scheiterte. Die Stahlabweiser genügten zwar für die französischen Kupfergeschosse, nicht aber für die deutschen Stahlgeschosse.

Fokker kam nun auf die Idee, daß es möglich sein müsse, den Motor mit dem Abzug des MG so zu koppeln, daß das MG bei querstehendem Propeller schoß. Der Ingenieur Heinrich Lübbe und der Mechaniker Fritz Heber lösten das Problem. Die Arbeiten bei Fokker blieben natürlich nicht unbemerkt. Ein junger Leutnant, der in der Fokker-Fliegerschule in Schwerin-Görries Einsitzer-Fliegen gelernt hatte, schrieb bereits am 13. Mai in einem Feldpostbrief: "Ich möchte im Felde gern den kleinsten und schnellsten Fokker-Typ fliegen mit der Zielvorrichtung von Garros, der durch den rotierenden Propeller schoß . . ." Etwa zum gleichen Zeitpunkt wurde in Döberitz bei Berlin die Flieger-Abteilung 62 unter Hauptmann Kastner aufgestellt, der unter anderem die Leutnants Boelcke, Immelmann und Mulzer angehörten. Kurz nach ihrem Abrücken ins Feld kam der junge Leutnant, der bei Fokker geschult hatte, sein Name war

Kurt Wintgens, nach Schwerin, um seine Feldpilotenprüfung abzulegen. Dann ging auch er an die Front zur bayerischen Fl.Abt. 6b in Bühl-Saarburg. Unterwegs übernahm er in Mannheim den ersten Einsitzer mit der bei Fokker entwickelten MG-Steuerung. Da Boelcke bei der Fl.Abt. 62 bereits am 24. Juni 1915 zum ersten Mal den gleichen Typ Fokker M.5K/MG, später als Fokker E I bezeichnet, flog, haben Fokker und seine Mitarbeiter praktisch nur vier bis sechs Wochen zur Entwicklung der MG-Steuerung gebraucht. Man hat dann die ersten Abschüsse mit dem neuen Flugzeugtyp Boelcke und Immelmann zugeschrieben. Das ist aber nicht richtig. Lt. Wintgens schoß bereits am 1. Juli 1915 mit seinem Fokker E I einen französischen Morane Typ N hinter den französischen Linien ab. Da dies hinter den französischen Linien passierte, wurde nach den damaligen Regeln der Abschuß nicht offiziell bestätigt. Wintgens' zweiter Abschuß vom 4. Juli 1915 ist aber im Heeresbericht vom gleichen Tage offiziell bestätigt. Wintgens wurde dann zur Fl.Abt. 45 in Habsheim verlegt, wo er am 9. August seinen dritten Abschuß erzielte, der ebenfalls bestätigt wurde. Immelmann erzielte seinen ersten Abschuß auf Fokker E I am 11. August, Boelcke am 19. August. Die Priorität von Wintgens steht also fest.

Fokker arbeitete schnell. Bereits Mitte Juli waren elf Fokker E I an der Front. Dem Fokker E I, der nur einen 80 PS Oberursel-Motor hatte, folgte schnell der E II, der einen 100 PS Oberursel-Motor hatte und etwas größer war, ihm folgte schnell der sehr ähnliche, aber etwas stabilere E III, ebenfalls mit 100 PS. Die Firma Pfalz baute ihre Eindecker in etwas größeren Abmessungen und Motoren verschiedener Leistung, die sich aber keiner großen Beliebtheit erfreuten.

Diese Einsitzer wurden noch nicht als Jagdflugzeuge, sondern als Kampfflugzeuge bezeichnet. Auch bei den Franzosen bürgerte sich der Begriff "Avion de Chasse" erst später ein. Die Engländer sprachen erst von Scouts, dann von "Fighters". Die deutschen Kampfeinsitzer waren noch nicht in Verbänden zusammengefaßt, sondern kämpften einzeln. Organisatorisch waren sie den Flieger-Abteilungen unterstellt. Erst während der Schlacht um Verdun faßte der dortige Kommandeur der Flieger (Kofl) die Kampfeinsitzer zum Kampfeinsitzer-Kommandos zusammen. So wurden die Fokker der Fl.Abt. 62 das Kampfeinsitzerkommando Douai und das bei der Fl.Abt. 23 zum Kampfeinsitzerkommando Vaux. Fokker versuchte seinen Einsitzer noch durch Einbau eines 160 PS-Motors und von zwei MG's zu verbessern. Aber bereits am 14. März 1916 schrieb Boelcke über diesen nicht sehr begeistert und hielt einen Doppeldecker für erforderlich. Boelcke, der nach dem Absturz Immelmanns der erfolgreichste deutsche Kampfflieger war, trat auch zu diesem Zeitpunkt bereits, wie auch Oberleutnant Berthold vom Kampfeinsitzer-Kommando Vaux, für die Aufstellung von selbständigen "Jagdflieger"-Verbänden ein. Bevor er aber dazu kam, wurde er, um sein Leben und seine Erfahrungen zu sichern, auf Befehl des Kaisers in die Türkei geschickt, wo er mit Leutnant Buddecke zusammentraf, der an der Palästina-Front eine ähnlich wichtige Rolle spielte wie im Zweiten Weltkrieg Marseille in Afrika.

Es dauerte nicht lange, bis der erste Fokker in feindliche Hände fiel. Damit war auch das Geheimnis der deutschen MG-Steuerung entschleiert. Die Antwort war der Doppeldecker, der Nieuport.

On 19th April 1915, the famous French pilot Roland Garros was shot down near Verdun by a German anti-aircraft machine gun. This is how the French Morane-Saulnier single-seater, the first fighter aircraft with a fixed machine gun fell into German hands. This airplane inspired Anthony Fokker to develop his synchronized machine gun in only four to six weeks, assisted by the engineer Luebbe and the mechanic Heber. Flying this new airplane, the Fokker E I, Lt. Wintgens shot down the first enemy plane on 1st July 1915. On 4th July, he scored another kill, and a third on 9th August. 1st Lt. Immelmann of Fl.Abt. 62 had his first success on 11th August and Lt. Boelcke of the same unit scored a kill on 19th August. By the middle of July 1915, there were 11 Fokker E Is in action. The Fokker E II with its 100 HP, 20 more than the E I, made its first appearance some weeks later. The next version, the E III was built in substantial numbers. The Pfalz Aircraft Co. produced a similar monoplane, the Pfalz I, which also had the synchronized machine gun, but this was a copy of the Morane and was unpopular with the pilots. During the Battle of Verdun, the first fighter units known as "Kampf-Einsatz-Kommando" were deployed. Boelcke had already suggested the formation of independent fighter squadrons but was unable to fulfill his planes as, by Special Imperial Order, he was sent to Turkey. Fokker still developed the E IV with a 160 HP engine and 2 to 3 machine guns in 1916, but this aircraft did not meet requirements.

Führersitz des Fokker E I mit starrem LMG 14.

GEBURT DER JAGDSTAFFEL (1916)

Im Nieuport Bébé, bei dem ein MG über der oberen Tragfläche montiert war, das über den Luftschraubenkreis hinweg feuerte, und der bedeutend besser stieg als der Fokker-Eindecker, war ein gefährlicher Gegner für die deutschen Kampfeinsitzer entstanden. – Am 21. Februar 1916 begann die Schlacht um Verdun. Bereits drei Wochen später wurden die ersten deutschen Jagdeinsitzer, sogenannte Jagdgruppen, die aber nichts mit den späteren Jagdgruppen zu tun hatten, im Bereich der V. Armee, die den Kampf um Verdun zu führen hatte, aufgestellt. Flugplätze dieser Gruppen waren Sivry, Jametz und Avillers. Am 18. Juni 1916 fiel Immelmann als Führer des Kampfeinsitzer-Kommandos 3 bei der Fl.Abt. 9 über Salaumines. Boelcke erhielt den Befehl, eine ganze Gruppe von Fokker-Einsitzern in Sivry aufzustellen. Bevor er diese einsetzen konnte, wurde er auf kaiserlichen Befehl in die Türkei geschickt. Man wollte den Mann, dessen Führer-Beruf erkannt worden war, unbedingt am Leben erhalten. Am 1. Juli 1916 brach dann die Schlacht an der Somme los, die die deutsche Fliegertruppe an den Rand des Zusammenbruchs bringen sollte. Bereits Mitte Juli wurden alle Kampfeinsitzer von den Flieger-Abteilungen abgezogen und als selbständige Kampf-Einsitzer-Kommandos neu formiert. Der Führer des Kampfeinsitzer-Kommandos Nord, Leutnant Parschau, fiel am 21. Juli 1916 über Grévillers. Boelcke wurde eiligst aus der Türkei zurückgerufen. Auf der Rückfahrt besuchte er das Kampfgeschwader 2 und nahm sich von dort zwei Flugzeugführer für seinen neu aufzustellenden Jagdverband, die Jagdstaffel 2, mit: Leutnant Manfred von Richthofen und Leutnant Erwin Böhme. Bereits am 23. August wurde aus dem Kampfeinsitzer-Kommando Nord die Jagdstaffel 1 unter Hauptmann Zander. Am 27. August 1916 übernahm Boelcke die Jagdstaffel 2 und Buddecke, den er mit aus der Türkei zurückgebracht hatte, die Jagdstaffel, abgekürzt Jasta 4. Für diese ersten Jagdverbände standen auch die ersten Jagd-Doppeldecker zur Verfügung: Fokker D II und D III, Halberstadt D II und Albatros D I. Die Jasta 2 in Berthincourt erhielt Albatros D I. Während die anderen Staffeln weiterhin einzeln kämpften, exerzierte Boelcke mit seiner Staffel erst einmal den Flug in geschlossener Formation, dem Staffel-Keil.

Den 19. September 1916 kann man als den Geburtstag der deutschen Jagdwaffe bezeichnen. Zum ersten Mal stieß eine deutsche Jagdstaffel mit sieben Albatros D I in einen feindlichen Bomberverband. Boelckes Führerflugzeug war durch einen Wimpel als solches gekennzeichnet. Der Staffelkeil schob sich in die Masse der feindlichen Bomber, dabei suchte sich jeder sein Opfer. Zum ersten Mal gelang es in die feindliche Übermacht einzubrechen. Boelcke, der vom 2. bis 15. September sieben Abschüsse erzielt hatte, schoß hier seinen 25. Gegner ab, Manfred von Richthofen, der einmal sein Nachfolger werden sollte, seinen ersten und Leutnant Reimann ebenfalls seinen ersten. Leutnant Böhme hatte bereits am Vormittag seinen ersten Abschuß erzielt.

Am 8. Oktober 1916 wurden dann die Verbände der Fliegertruppe insgesamt, die bisher dem Heer unterstellt gewesen waren, ein selbständiger Truppenteil: Generalleutnant von Hoeppner wurde zum ”Kommandierenden General der

Luftstreitkräfte" ernannt. Sein Stabschef wurde Oberstleutnant Thomsen, den man als den geistigen Vater der deutschen Luftstreitkräfte ansehen kann. Offiziell gibt es deutsche Luftstreitkräfte erst ab 20. November 1916. Am 28. Oktober 1916 stieß Boelcke mit Leutnant Böhme im Luftkampf mit englischen Flugzeugen über Bapaume in der Luft zusammen und stürzte tödlich ab. Im November wurde auch bei der Marine ein erster kleiner Jagdverband aufgestellt. Die Flugzeugindustrie brachte jetzt laufend neue Jagdeinsitzer an die Front. Dem Albatros D I folgte der D II, der statt eines Spannturms mit V-Streben einen Baldachin mit N-Streben hatte. Halberstadt verbesserte seinen D II weiter bis zum D V, die Luft-Fahrzeug-Gesellschaft (LFG) brachte die Einsitzer Roland D I und D II an die Front, Fokker D IV und D V, aber der Albatros erwies sich zu diesem Zeitpunkt als der beste deutsche Jagdeinsitzer. Bis zum Spätherbst standen sieben Jagdstaffeln an der Front. Die Piloten dieser Staffeln wurden die Führer der neu aufzustellenden Staffeln. So wurde Manfred von Richthofen, der nach seinem 15. Luftsieg am 16. Januar 1917 den Pour le Mérite erhalten hatte, Führer der Jasta 11. Die laufende Aufstellung neuer deutscher Jagdstaffeln traf das englische Royal Flying Corps in einer unglücklichen Situation. Ein großer Teil der englischen Squadrons war mit dem aus dem Jahre 1914 stammenden Doppeldecker der Royal Aircraft Factory BE 2c ausgerüstet, der nur ein einziges MG besaß, das nur schräg seitlich schießen konnte. Diese hatten gegen die schnellen deutschen Einsitzer keinerlei Chancen. Dies führte bei den Engländern zu einer Krise, die noch heute als "Bloody April" (Blutiger April) bezeichnet wird. Die zahlenmäßige Übermacht zwang aber die Führung der deutschen Luftstreitkräfte zur Schwerpunktbildung.

Am 26. Juni 1917 erließ der Chef des Generalstabes der Luftstreitkräfte die Verfügung, daß aus den Jagdstaffeln 4, 6, 10 und 11 das Jagdgeschwader 1 aufzustellen sei. Führer dieses ersten Jagdgeschwaders wurde der Führer der Jasta 11, Rittmeister Manfred von Richthofen.

Kurz vorher hatte Albatros den neuen Jagdeinsitzer D III an die Front gebracht. Er war, wie der französische Nieuport-Jäger, ein Anderthalbdecker mit V-Streben. Es stellte sich heraus, daß diese Konstruktion den Belastungen des Kurvenkampfes nicht gewachsen war. Es gab mehrere Todesstürze. Zu dieser Zeit experimentierte Fokker an zwei Konzepten, dem unverspannten Doppeldecker und dem Dreidecker. Da Albatros mit Daimler-Benz einen Vertrag hatte, der dem Werk die Priorität bei der Belieferung mit Mercedes-Motoren sicherte, hatte Fokker die Motorenwerke in Oberursel gekauft, die französische Gnôme-Umdrehungsmotoren in Lizenz bauten, d. h. im Kriege ohne Lizenz! Mit dem Versuchstyp V.4 gelang es Fokker, einen Dreidecker mit 100 PS-Oberursel zu bauen, von dem er selbst einmal gesagt hat: "Er stieg so gut, daß man gar nicht merkte, wie langsam er war." Mit diesem Dreidecker, der einigen Jägerassen das Leben kostete, flogen einzelne Jagdstaffeln noch bis Ende des Krieges. Die Pfalz-Werke brachten dann noch ihren D III heraus, bei dem es ebenfalls mehrere Todesstürze gab, bis man feststellte, daß die Bauaufsicht im Werk Schlampereien beim Bau gedeckt hatte. Der Pfalz D III wurde dann zum D IIIa verbessert und flog unter anderem bei der Jasta 10. Albatros entwickelte aus dem D III den D V und D Va, die auch noch bis 1918 im Frontdienst waren.

Zu erwähnen sei, daß in der Nacht vom 10. zum 11. Februar 1917 die Leutnants Peters und Frohwein von der Fl.Abt. 12 mit einer DFW C V (Zweisitzer) den ersten Nachtabschuß erzielten.

The Battle of the Somme began on 1st July 1916. The superiority of the British and French air forces almost caused a collapse of the German air forces. The Nieuport Bébé in particular was much better than the Fokker monoplanes. Boelcke and Buddecke were recalled to the Western Front. Seven fighter squadrons (Jagdstaffel) were formed immediately. On 27th August 1916, Boelcke took command of Jagdstaffel 2. Amongst the first recruits to this squadron was Manfred von Richthofen. Buddecke became commander of Jagdstaffel 4. Boelcke trained his young pilots to attack in closed formation. On 17th September 1916, a German Jagdstaffel ("Jasta") attacked British bombers in closed formation for the first time. In this air battle over Achiet-le-petit, four enemy planes were shot down. This was the birthday of the German "Jasta". On 20th November 1916, all German aircraft formations came under the command of a "Commanding General of the Air Forces". From this date, Germany had an independent air force. On 28th October 1916, Boelcke and Lt. Boehme collided in mid-air and Boelcke crashed to his death. Most of the members of the first seven Jastas now became commanders of newly-raised squadrons. Richthofen became leader of Jasta 11. Spring 1917 was a difficult time for the Royal Flying Corps. Many of its squadrons were equipped with the old BE 2 which had no chance against the new German fighter biplanes. Even today, British airmen have not forgotten the "Bloody April" of 1917. The new German Albatros D-series planes were at first superior to every enemy aircraft type. But after the succession of the D I and D II, the D III showed structural weaknesses and had many fatal crashes. The new D V was not much better and needed strengthening of the wing construction. However, both types were flown up to the end of the First World War.

Oswald Boelcke im Fokker D III/352/16.

FOKKER E III (M 14)

Da sich nach den ersten Erfolgen der Fokker E I und E II herausstellte, daß deren Triebwerke zu schwach waren, wurden dann die etwas größeren E III mit 100 PS Oberursel-Motor in größerer Serie hergestellt. Verspannter Mitteldecker in Gemischtbauweise. Flügel und Leitwerk Holzgerüst, Rumpf Stahlrohrgerüst, alle Teile stoffbespannt. Wurde später als E IV mit 160 PS Oberursel ausgerüstet, der aber keine bessere Leistung erbrachte.

After the first successes of the Fokker E I and E II it was discovered that they were underpowered. So the larger and stronger E III with 100 PS Oberursel was built in numbers. Wire-braced mid-wing monoplane in mixed construction. Wing with wooden spars and ribs fabric-covered. Fuselage wire-braced steel-tube frame also fabric-covered. The later E IV with 160 HP Oberursel did not perform better.

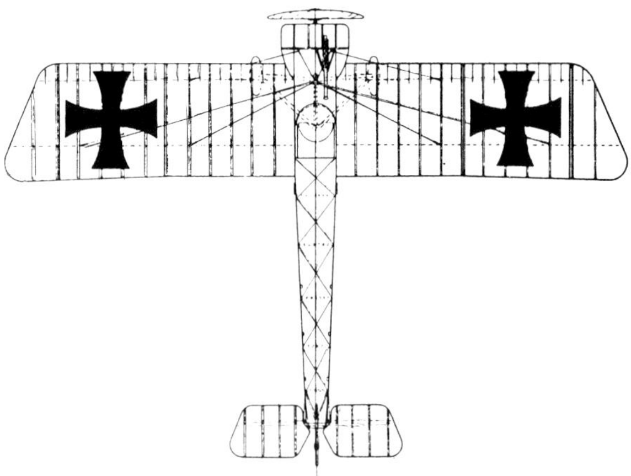

Flugzeugtyp	Fokker E I / E III
Baujahr/Built in	1915
Zweck/Purpose	Jäger/Fighter
Besatzung/Crew	1
Triebwerk/Powerplant	Oberursel
Leistung PS/HP	80/100
Spannweite m/Span m	8,52/9,52
Länge m/Length m	6,75/7,20
Höhe m/Height m	2,88/277
Tragfläche qm Wing area qm	16,00
Leergewicht kg Empty weight kg	350/390
Fluggewicht kg Gross weight kg	560/670
Höchstgeschwindigkeit km/h Maximal speed km/h	130
Marschgeschwindigkeit km/h Medium speed km/h	–
Landegeschwindigkeit km/h Landing speed km/h	–
Steiggeschwindigkeit min/m Climbs min/m	40/300
Reichweite km/Range km	200
Gipfelhöhe m/Ceiling m	3.000
Bewaffnung/Armament	1 LMG 08/15
Ausrüstung/Equipment	–

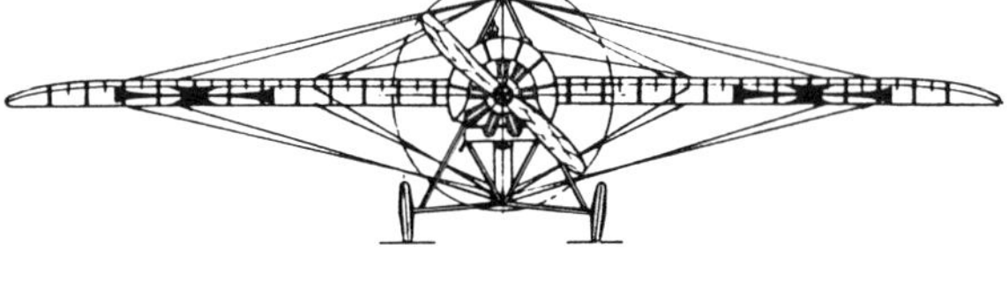

Fokker E III 309/15

Fokker E III 419/15

Fokker E III 419/15

PFALZ E I

Pfalz baute 1915 als Konkurrenzmuster für den Fokker E I den Pfalz E I. Während aber Fokkers Jäger vom eigenen Muster M 5 abgeleitet wurde, war der Pfalz E I eine ziemlich genaue Kopie des französischen Morane-Saulnier Type H. Pfalz E II, IV und V unterschieden sich untereinander nur durch verschiedene Triebwerke. Pfalz E III war nur ein mit einem MG bewaffneter A II Parasol. Alle diese Eindecker verschwanden im Sommer 1916 und wurden durch LFG Roland D I ersetzt, die Pfalz in Lizenz baute.

In 1915, the Pfalz factory built the Pfalz E I as a competitor to the Fokker E-I. But whilst the Fokker was based on the Fokker M 5, the Pfalz monoplane was derived from the French Morane-Saulnier Type H. Pfalz E II, IV and V were distinguished from each other only by engine and armament. Pfalz E III was an A II Parasol armed with an MG. All these monoplanes disappeared in summer 1916 and were replaced by LFG-Roland D I's, which were built by Pfalz under licence.

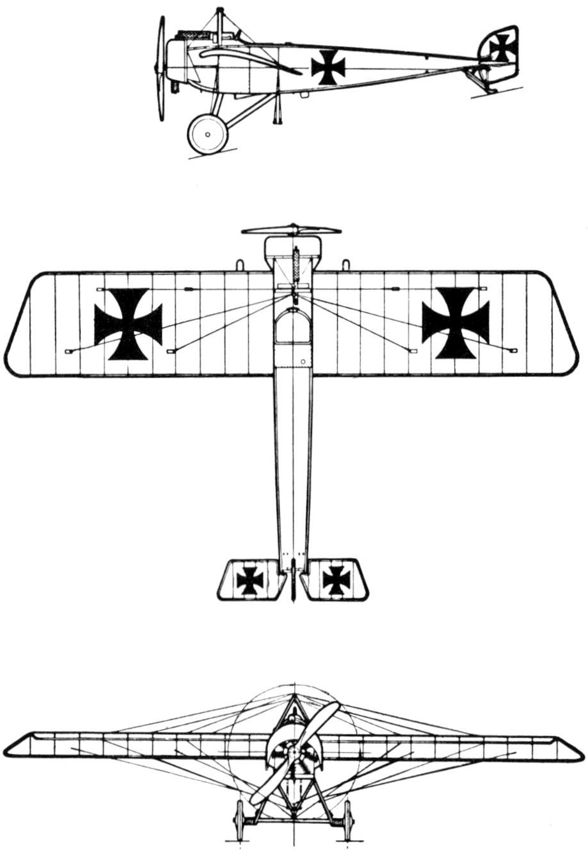

Flugzeugtyp	Pfalz E I
Baujahr/Built in	1915
Zweck/Purpose	Jäger/Fighter
Besatzung/Crew	1
Triebwerk/Powerplant	Oberursel
Leistung PS/HP	80
Spannweite m/Span m	11,20
Länge m/Length m	6,85
Höhe m/Height m	2,90
Tragfläche qm Wing area qm	–
Leergewicht kg Empty weight kg	–
Fluggewicht kg Gross weight kg	–
Höchstgeschwindigkeit km/h Maximal speed km/h	120
Marschgeschwindigkeit km/h Medium speed km/h	–
Landegeschwindigkeit km/h Landing speed km/h	80
Steiggeschwindigkeit min/m Climbs min/m	–
Reichweite km/Range km	200
Gipfelhöhe m/Ceiling m	2.900
Bewaffnung/Armament	1 MG
Ausrüstung/Equipment	–

Pfalz E I

Pfalz E I 479/15

Pfalz E I, Fl.Abt. 21, Ostfront 1915.

ALBATROS D I/II

Konstruktion: Thelen, Schubert, Gnädig. Doppeldecker in Gemischtbauweise. Flügel und Leitwerk Holzgerüst mit Leinwandbespannung. Rumpf ebenfalls Holzgerüst, aber mit warmverformtem Sperrholz beplankt (System Grohmann), Baldachin zwischen Rumpf und Oberflügel, bei D II durch Stahl-N-Streben ersetzt. Strebenpaare zwischen Ober- und Unterflügel, drahtverspannt.
Oberflügel gegen Unterflügel 125 mm nach vorn gestaffelt. Einstellwinkel des Flügels 5°18'. D II auch bei LVG in Serie gebaut, 20 Maschinen bei OEFFAG für österreichische Fliegertruppe. Herbst 1916 allen feindlichen Jagdeinsitzern überlegen.

Design: Thelen, Schubert, Gnädig. Wire-braced biplane of mixed construction. Wings and tailplane wooden spars and ribs with fabric cover. Fuselage wooden formers and stringers covered with plywood (system Grohmann). Canopy between wing and fuselage at D II replaced by steel-tube N-struts. Upper wing against lower wing staggered 125 mm. Adjusting angle of wing 5°18'. D II built under license by LVG, 20 D II built by OEFFAG for Austrian forces. In autumn 1916, superior to all enemy fighters.

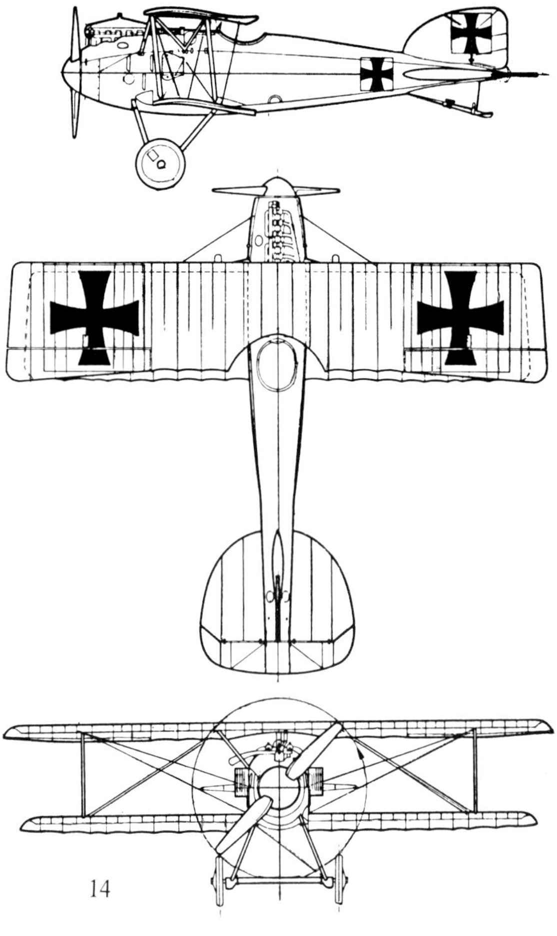

Flugzeugtyp	Albatros D I / D II	
Baujahr/Built in	1916	
Zweck/Purpose	Jäger/Fighter	
Besatzung/Crew	1	
Triebwerk/Powerplant	Mercedes oder Benz	
Leistung PS/HP	160	150
Spannweite m/Span m	8,50	
Länge m/Length m	7,40	
Höhe m/Height m	2,95	
Tragfläche qm		
Wing area qm	–	
Leergewicht kg		
Empty weight kg	673	
Fluggewicht kg		
Gross weight kg	900	
Höchstgeschwindigkeit km/h		
Maximal speed km/h	175	
Marschgeschwindigkeit km/h		
Medium speed km/h	–	
Landegeschwindigkeit km/h		
Landing speed km/h	–	
Steiggeschwindigkeit min/m		
Climbs min/m	5/1.000	
Reichweite km/Range km	300	
Gipfelhöhe m/Ceiling m	5.000	
Bewaffnung/Armament	2 MG	
Ausrüstung/Equipment	–	

Albatros D I 435/16

Albatros D II

Albatros D II 1076/17

ALBATROS W 4

Dieses Flugzeug kann als Schwimmer-Version des D II angesehen werden, dem die Flugzeugzelle weitgehend entsprach. Die Maschinen kamen ab September 1916 an die Front und blieben bis zum Erscheinen des Zweisitzers Hansa-Brandenburg W 29 auf allen Seeflugstationen in Dienst. Nach dem Prototyp Marine-Nr. 747 sind noch 117 W 4 bis September 1917 gebaut worden. Bei den Engländern waren sie als "Blaue Vögel" aufgrund ihres bläulichen Tarnanstrichs bekannt. Sie waren in der Nord- und Ostsee, im Schwarzen Meer und in der Ägäis eingesetzt.

This aircraft may be considered as floatplane-version of the D II. The airframe was almost identical. They were delivered from September 1916 and remained in service at all naval flying stations until the appearance of the two-seater Hansa Brandenburg W 29. After the prototype Navy No. 747, altogether 117 W 4s were built. The British called them "Blue Birds" because of the blueish camouflage. They were in action in the North Sea and the Baltic, in the Black Sea and the Aegean Sea.

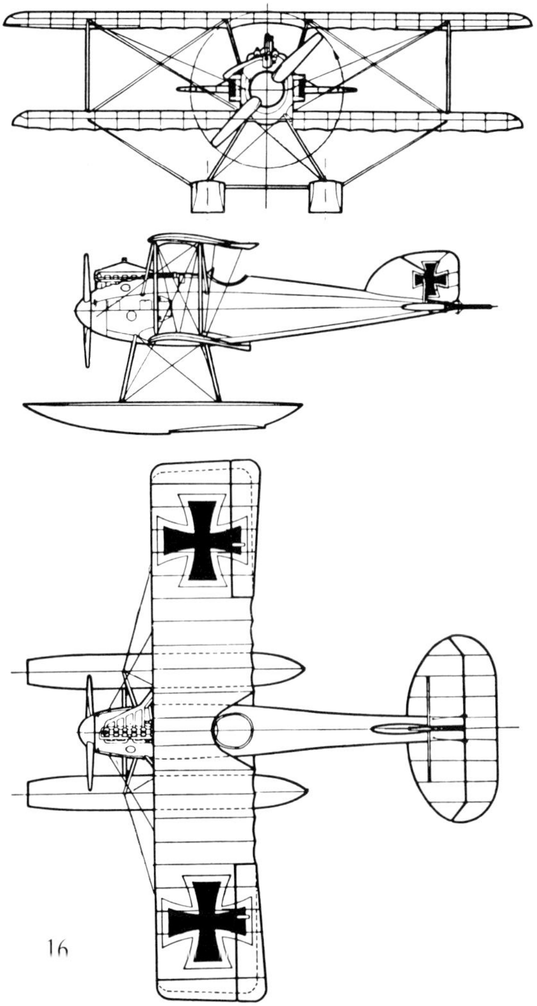

Flugzeugtyp	Albatros W 4
Baujahr/Built in	1916
Zweck/Purpose	See-Jäger/ Fighter on floats
Besatzung/Crew	1
Triebwerk/Powerplant	Mercedes
Leistung PS/HP	160
Spannweite m/Span m	9,50
Länge m/Length m	8,26
Höhe m/Height m	3,33
Tragfläche qm Wing area qm	31,60
Leergewicht kg Empty weight kg	775
Fluggewicht kg Gross weight kg	1.025
Höchstgeschwindigkeit km/h Maximal speed km/h	160
Marschgeschwindigkeit km/h Medium speed km/h	–
Landegeschwindigkeit km/h Landing speed km/h	–
Steiggeschwindigkeit min/m Climbs min/m	23/3.000
Reichweite km/Range km	450
Gipfelhöhe m/Ceiling m	3.000
Bewaffnung/Armament	1 – 2 MG
Ausrüstung/Equipment	–

Albatros W 4 Nr. 747

Albatros W 4 Nr. 1486

ALBATROS D III

Konstrukteure wie D I / D II. Doppeldecker ähnlich D II, aber kleinerer Unterflügel und V-Streben statt Strebenpaar. Mehrere Todesstürze durch Verdrehung des Unterflügels bei starker Beanspruchung im Kurvenflug. Grund: Holm zu weit hinter Flügelvorderkante. Fahrwerk bei allen Albatros-D-Flugzeugen: Verspanntes V-Strebenpaar mit fester Achse und Laufradachsen und Gummi-Abfederung. Auch bei den Ostdeutschen Albatros-Werken (OAW) in Schneidemühl gebaut. Drei Serien (53, 153 und 253) bei OEFFAG für Österreich-Ungarn gebaut. Kam Januar 1917 an die Front. Große Erfolge im April 1917.

Designers as D I/D II. Biplane similar D II, smaller lower wing and V-struts instead of pair of struts. Several fatal crashes, because the single spar in lower wings was positioned too far back from the leading edge and so wing tended to twist under stress. Undercarriage like all Albatros-D-planes: Steel tubular V-struts. Steel spreader bar and rubber cord shock-absorbers. Also built at East German Albatros Works (OAW). Three series (52, 153 and 253) at OEFFAG for Austria. Great successes in April 1917.

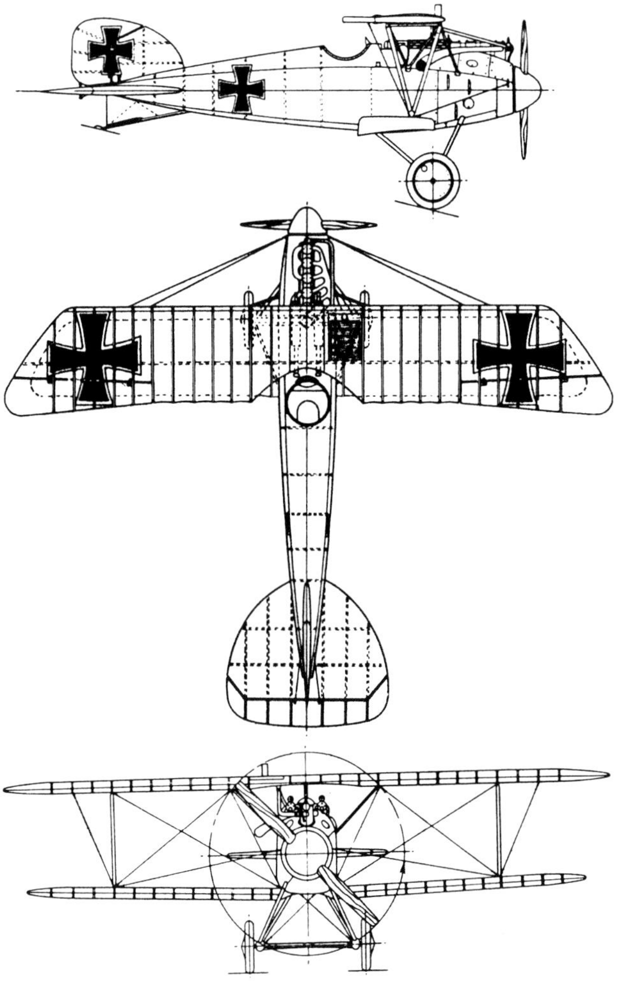

Flugzeugtyp	Albatros D III
Baujahr/Built in	1917
Zweck/Purpose	Jäger/Fighter
Besatzung/Crew	1
Triebwerk/Powerplant	Mercedes
Leistung PS/HP	160
Spannweite m/Span m	9,00
Länge m/Length m	7,33
Höhe m/Height m	2,98
Tragfläche qm Wing area qm	–
Leergewicht kg Empty weight kg	661
Fluggewicht kg Gross weight kg	885
Höchstgeschwindigkeit km/h Maximal speed km/h	165
Marschgeschwindigkeit km/h Medium speed km/h	–
Landegeschwindigkeit km/h Landing speed km/h	–
Steiggeschwindigkeit min/m Climbs min/m	25/5.000
Reichweite km/Range km	330
Gipfelhöhe m/Ceiling m	5.000
Bewaffnung/Armament	2 MG
Ausrüstung/Equipment	–

Albatros D III, Jasta 14.

Albatros D III

Albatros D III

FOKKER D II / D III

Nachdem sich herausgestellt hatte, daß die Fokker E-Typen nicht mehr zu verbessern waren, entstand als erster Doppeldecker M 17, erst einstielig, dann zweistielig. Die zweistielige Ausführung wurde dann als D II in kleiner Serie gebaut. Es war ein verspannter Doppeldecker mit zwei Stielpaaren in Gemischtbauweise wie E III. Die Flächen hatten Verwindung, keine Querruder. D III hatte statt des 100 PS Oberursel den 160 PS-Motor. D I war beiden sehr ähnlich, hatte aber 120 PS-Mercedes, der letzte Doppeldecker dieser Reihe D IV den 160 PS-Mercedes.

After it became clear that the performance of the E-plane could not be improved, the first Fokker-biplane M 17 was built, first with one, later with two pairs of struts. This later version was designated the D II. It was a wire-braced biplane of mixed construction similar to E III. Flaps were used for lateral control. D III had a 160 PS Oberursel engine instead of the 100 HP of the D II. D I was similar to both, but had a 120 HP Mercedes. D IV had a similar airframe but a 160 HP Mercedes.

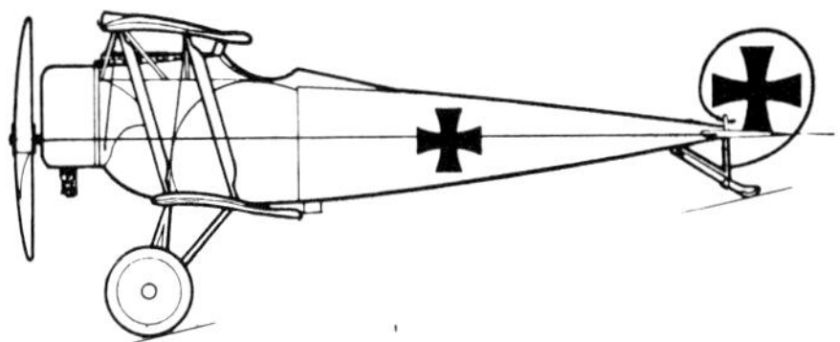

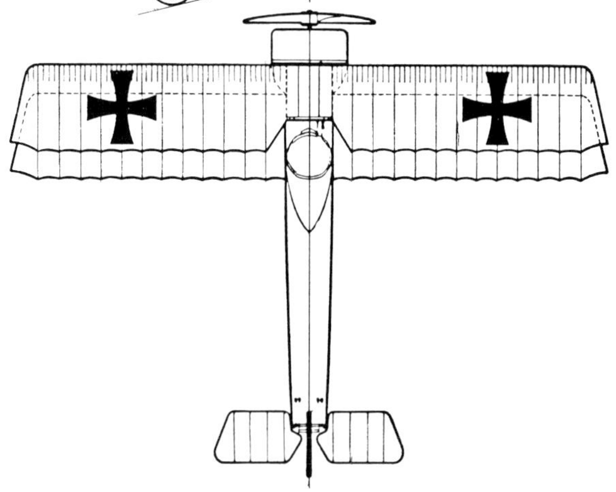

Flugzeugtyp	Fokker D II / D III
Baujahr/Built in	1916
Zweck/Purpose	Jäger/Fighter
Besatzung/Crew	1
Triebwerk/Powerplant	Oberursel
Leistung PS/HP	100/160
Spannweite m/Span m	8,75/9,05
Länge m/Length m	6,40/6,30
Höhe m/Height m	–
Tragfläche qm Wing area qm	18,0/20,0
Leergewicht kg Empty weight kg	380/450
Fluggewicht kg Gross weight kg	570/710
Höchstgeschwindigkeit km/h Maximal speed km/h	150/160
Marschgeschwindigkeit km/h Medium speed km/h	–
Landegeschwindigkeit km/h Landing speed km/h	–
Steiggeschwindigkeit min/m Climbs min/m	–
Reichweite km/Range km	–
Gipfelhöhe m/Ceiling m	4.000
Bewaffnung/Armament	1 MG/2 MG
Ausrüstung/Equipment	–

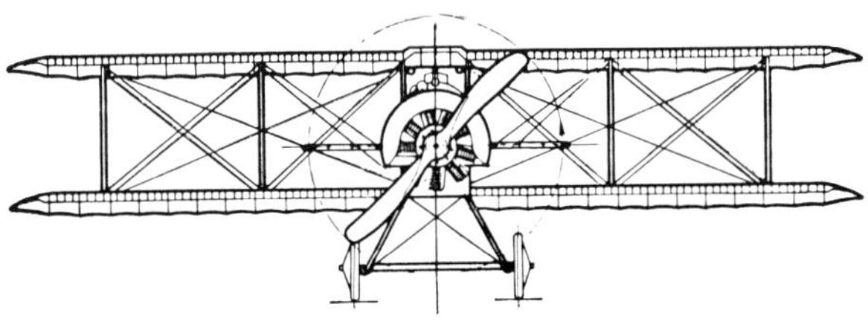

Fokker D II (M 17)

Fokker D III 352/16 (Boelckes).

Fokker D III 351/16

HALBERSTADT D II

Die Halberstädter Flugzeugwerke waren ursprünglich ein Zweigwerk der englischen Bristol-Werke. Der erste Jagd-Doppeldecker D I entstand bereits 1915 und hatte einen 120 PS Mercedes-Motor. Der Typ wurde laufend verbessert bis zum D V. Meistgebaute Version war der D II. Es waren alle zweistielige, verspannte Doppeldecker mit starker Staffelung der Flächen. Gemischtbauweise: Holz mit Stoffbespannung. Die Maschinen konnten sich gegen Fokker und Albatros nicht durchsetzen. Es wurden nur 85 Halberstädter D-Flugzeuge gebaut, die zum Teil auch in Macedonien und Palästina eingesetzt waren.

The Halberstadt Aircraft Works was originally a subsidiary company of the British Bristol Company. The first fighter biplane D I was built in 1915 and had a 120 HP Mercedes engine. The type flew modified and improved up to the D V. The D II was the most built version. It was an all wire-braced biplane with two set of struts with staggered wings. Mixed construction: wooden spars and ribs with fabric cover. The aircraft had no chance against Fokker and Albatros. Only 85 planes were built which also saw action in Macedonia and Palestine.

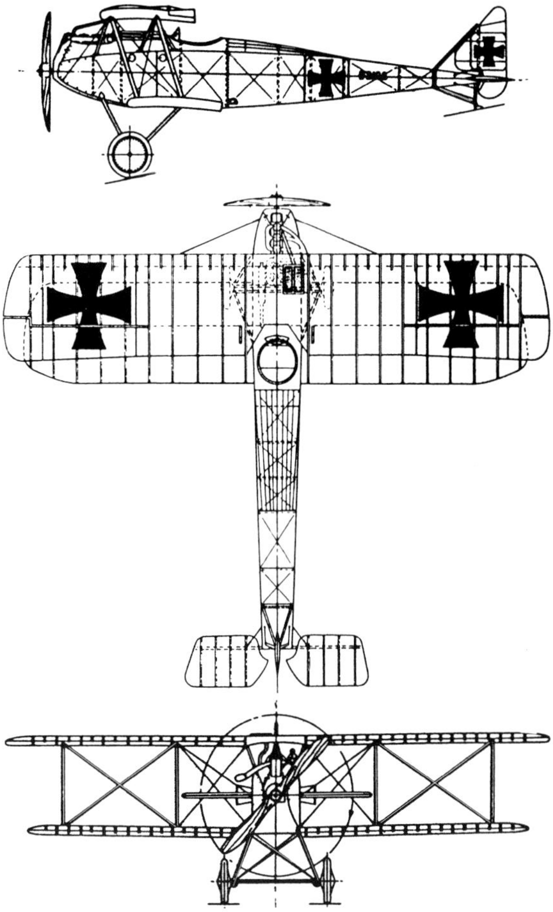

Flugzeugtyp	Halberstadt D II / D III
Baujahr/Built in	1916
Zweck/Purpose	Jäger/Fighter
Besatzung/Crew	1
Triebwerk/Powerplant	Mercedes/Argus
Leistung PS/HP	120/120
Spannweite m/Span m	8,80
Länge m/Length m	7,30
Höhe m/Height m	–
Tragfläche qm Wing area qm	–
Leergewicht kg Empty weight kg	520/525
Fluggewicht kg Gross weight kg	730/735
Höchstgeschwindigkeit km/h Maximal speed km/h	150/145
Marschgeschwindigkeit km/h Medium speed km/h	–
Landegeschwindigkeit km/h Landing speed km/h	85
Steiggeschwindigkeit min/m Climbs min/m	15/3.000
Reichweite km/Range km	–
Gipfelhöhe m/Ceiling m	–
Bewaffnung/Armament	1 MG/2 MG
Ausrüstung/Equipment	–

Halberstadt D II

Halberstadt D II

HANSA-BRANDENBURG KDW

Konstruktion: Ernst Heinkel. Unverspannter Doppeldecker mit sogenannter "Strebenspinne" als Verstrebung der Tragflächen. Gemischtbauweise, Holz und Stoffbespannung. Musterflugzeug Nr. 748 mit 150 PS Benz Anfang 1916. Es wurden weitere 57 Maschinen 1917 geliefert, teilweise mit 150 PS Benz, teils auch mit 160 PS Maybach, nur zehn Maschinen, Nr. 912, 913 und 914 bis 921 mit 160 PS Mercedes.

Design: Ernst Heinkel. Floatplane fighter. Unbraced biplane with interplane "star"-struts. Mixed construction: wooden spars and ribs with fabric cover. Prototype Nr. 748 with 150 HP Benz delivered 1916. After it during 1917 further 57 planes produced, partly with 150 HP Benz or 160 HP Maybach, only ten, Nr. 912 – 921 with 160 HP Mercedes.

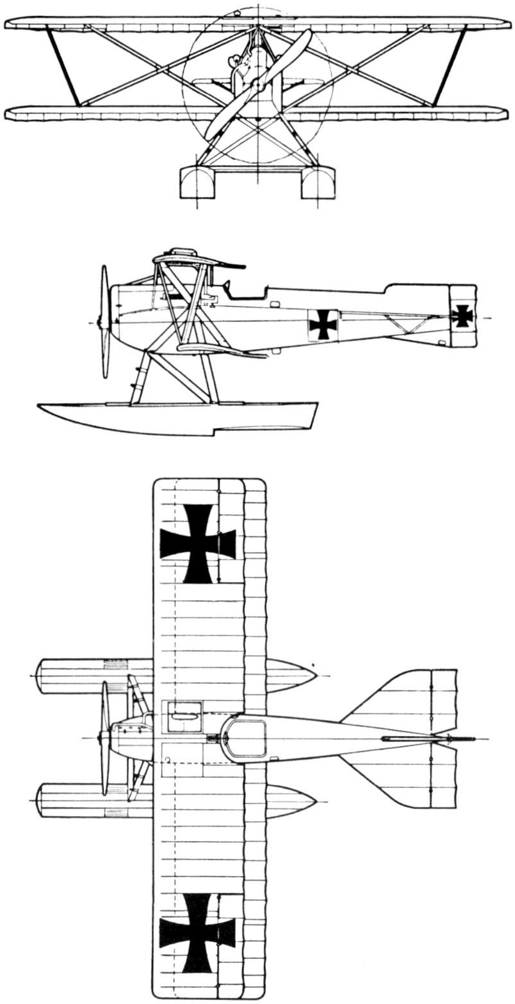

Flugzeugtyp	Hansa-Brandenburg KDW
Baujahr/Built in	1916
Zweck/Purpose	See-Jäger/Fighter on floats
Besatzung/Crew	1
Triebwerk/Powerplant	Maybach
Leistung PS/HP	160
Spannweite m/Span m	9,30
Länge m/Length m	7,86
Höhe m/Height m	3,27
Tragfläche qm Wing area qm	29,15
Leergewicht kg Empty weight kg	759
Fluggewicht kg Gross weight kg	1.039
Höchstgeschwindigkeit km/h Maximal speed km/h	172
Marschgeschwindigkeit km/h Medium speed km/h	150
Landegeschwindigkeit km/h Landing speed km/h	85
Steiggeschwindigkeit min/m Climbs min/m	16/3.000
Reichweite km/Range km	500
Gipfelhöhe m/Ceiling m	–
Bewaffnung/Armament	1 MG
Ausrüstung/Equipment	–

Hansa-Brandenburg KDW

Hansa-Brandenburg KDW Nr. 748

Hansa-Brandenburg KDW Nr. 1562 mit Zusatzstreben *(addit. struts)*.

LUFT-FAHRZEUG-GESELLSCHAFT "Roland" D II "Haifisch"

Verspannter Doppeldecker. Tragflächen Holzgerüst mit Stoffverspannung. Sogenannter "Wickelrumpf" (System Röver), Holzgerüst mit Sperrholzbändern umwickelt und verleimt. Vorgänger D I sehr ähnlich und bei Pfalz gebaut. Erstflug D II Oktober 1916. In Serie ab Frühjahr 1917. D II mit Mercedes-, D IIa mit Argus-Motor. Beide ebenfalls auch bei Pfalz gebaut. Es wurden 300 Stück gebaut. Erwiesen sich aber als unbefriedigend und wurden bald zu den Schulen, an die Ostfront und nach dem Balkan abgeschoben.

Wire-braced biplane. Wings with wooden spars and ribs. So-called "Winded fuselage" invented by Hand Roever: plywood ribbons were wound around the wooden frame. First flight October 1916. Serial production from spring 1917. D II with Mercedes-, D IIa with Argus-engine. Both built under licence by Pfalz. 300 produced. Unsatisfactory performance. Sent to training schools, the Eastern front and to Macedonia.

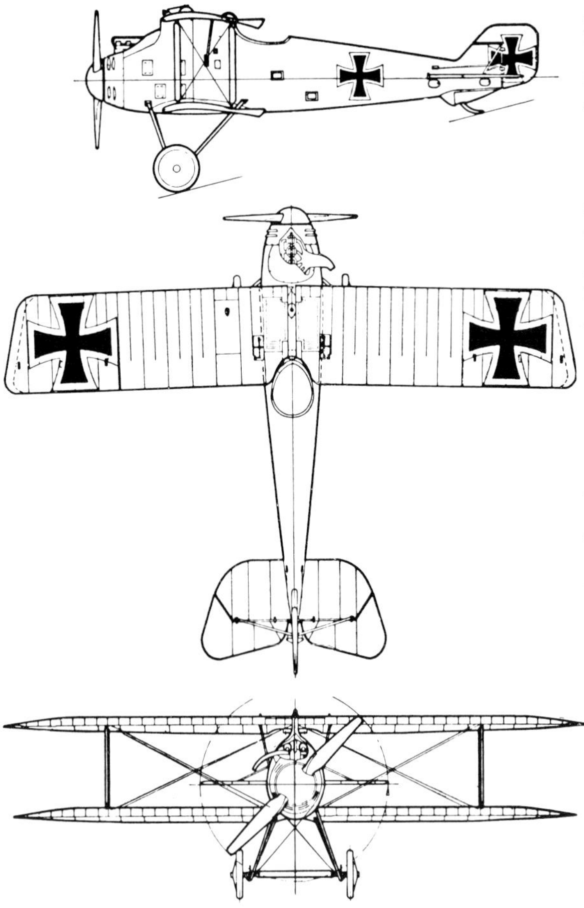

Flugzeugtyp	LFG Roland D II
Baujahr/Built in	1916/17
Zweck/Purpose	Jäger/Fighter
Besatzung/Crew	1
Triebwerk/Powerplant	Mercedes
Leistung PS/HP	160
Spannweite m/Span m	8,90
Länge m/Length m	–
Höhe m/Height m	–
Tragfläche qm	
Wing area qm	23,00
Leergewicht kg	
Empty weight kg	660
Fluggewicht kg	
Gross weight kg	820
Höchstgeschwindigkeit km/h	
Maximal speed km/h	160
Marschgeschwindigkeit km/h	
Medium speed km/h	–
Landegeschwindigkeit km/h	
Landing speed km/h	80
Steiggeschwindigkeit min/m	
Climbs min/m	–
Reichweite km/Range km	–
Gipfelhöhe m/Ceiling m	5.000
Bewaffnung/Armament	2 LMG 08/15
Ausrüstung/Equipment	–

L.F.G. Roland D II Haifisch

L.F.G. Roland D II Haifisch

RUMPLER 6B1

Dieser Jagd-Doppeldecker ist eine Konkurrenzentwicklung zum Albatros W 4. Die Zelle wurde aus dem erfolgreichen Zweisitzer Rumpler C I abgeleitet, jedoch wurden die Tragflächen stärker gestaffelt. Die ersten drei Musterflugzeuge Nr. 751, 787 und 788 wurden Juli/August 1916 ausgeliefert. Es folgten dann 40 6B1 Nr. 890 bis 899 und 1037 bis 1066 und 55 verbesserte 6B2 Nr. 1188 bis 1207 und 1434 bis 1468. Demnach wurden also 98 Maschinen dieses Typs hergestellt, die auf den Marine-Flugstationen an der Ost- und Nordsee und im Schwarzen Meer eingesetzt waren.

This fighter floatplane is a rival to the Albatros W 4. The airframe was derived from the successful two-seater Rumpler C I, but its wings were more staggered. The first three prototypes Nr. 751, 787 and 788 were delivered July/August 1916. They were followed by 40 6B1 No. 890-899 and 1037-1066 and 55 improved 6B2's No. 1188 – 1207 and 1434 – 1468. Altogether 98 planes of this type were built. They were in action at all flying stations in the Baltic, the North Sea and the Black Sea.

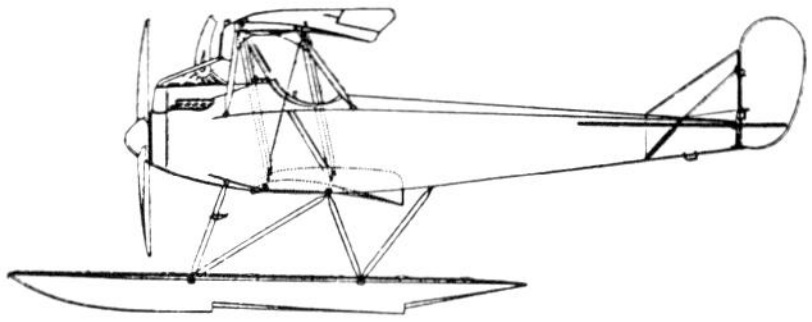

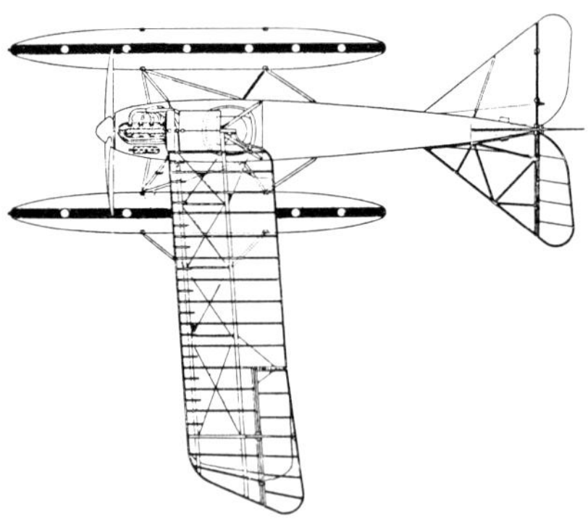

Flugzeugtyp	Rumpler 6B1
Baujahr/Built in	1917
Zweck/Purpose	See-Jäger/Fighter on floats
Besatzung/Crew	1
Triebwerk/Powerplant	Mercedes
Leistung PS/HP	160
Spannweite m/Span m	12,20
Länge m/Length m	9,60
Höhe m/Height m	3,58
Tragfläche qm Wing area qm	36,80
Leergewicht kg Empty weight kg	860
Fluggewicht kg Gross weight kg	1.130
Höchstgeschwindigkeit km/h Maximal speed km/h	155
Marschgeschwindigkeit km/h Medium speed km/h	130
Landegeschwindigkeit km/h Landing speed km/h	76
Steiggeschwindigkeit min/m Climbs min/m	19,5/3.000
Reichweite km/Range km	–
Gipfelhöhe m/Ceiling m	4.800
Bewaffnung/Armament	1 LMG 08/15
Ausrüstung/Equipment	–

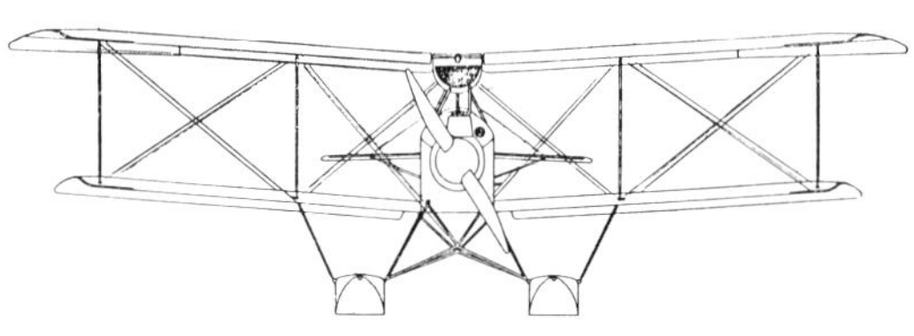

Rumpler 6B1, Fl.Station Norderney.

Rumpler 6B1, Fl.Station List/Sylt.

Rumpler 6B1, Fl.Station List/Sylt.

SIEMENS-SCHUCKERT D I

Dieser Jagdeinsitzer wurde auf Veranlassung der Inspektion der Fliegertruppe (IdFlieg) im Sommer 1916 von Bruno Steffen als Kopie des französischen Nieuport Bébé entworfen und nach Erprobung ein Auftrag auf 150 Maschinen erteilt, der erst auf 250 erhöht wurde und dann im Sommer 1917 gestoppt wurde, als die Leistungen nicht mehr ausreichten. Ursprünglich mit dem 110 PS Siemens Sh 1 ausgerüstet, wurde ein Teil der Serie mit dem 130 PS Sh 1a ausgerüstet. Diese Ausführung erhielt auch eine Propellerhaube.

This single-seat fighter was designed by Bruno Steffen in summer 1916 on order of the inspectorate of the Flying Corps (IdFlieg) as a copy of the French Nieuport Bebe. 150 planes were ordered, later 100 more. This order was stopped im summer 1917, when the performance was no longer satisfactory. Originally fitted with the 110 PS Siemens Sh 1a a later version D Ia got the 130 PS Sh 1a and a spinner.

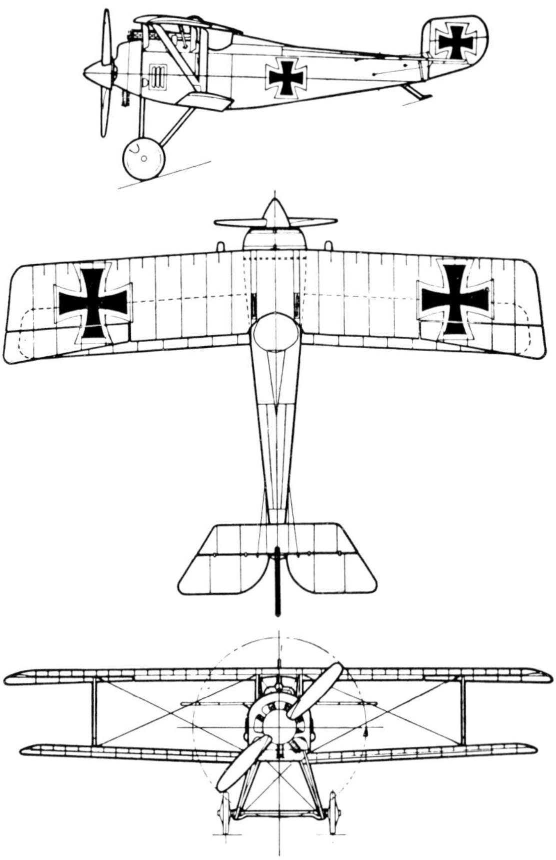

Flugzeugtyp	Siemens-Schuckert D I
Baujahr/Built in	1916/17
Zweck/Purpose	Jäger/Fighter
Besatzung/Crew	1
Triebwerk/Powerplant	Siemens Sh 1
Leistung PS/HP	110
Spannweite m/Span m	7,50
Länge m/Length m	5,80
Höhe m/Height m	2,40
Tragfläche qm Wing area qm	14,40
Leergewicht kg Empty weight kg	444
Fluggewicht kg Gross weight kg	654
Höchstgeschwindigkeit km/h Maximal speed km/h	140
Marschgeschwindigkeit km/h Medium speed km/h	–
Landegeschwindigkeit km/h Landing speed km/h	72
Steiggeschwindigkeit min/m Climbs min/m	–
Reichweite km/Range km	280
Gipfelhöhe m/Ceiling m	4.000
Bewaffnung/Armament	1 LMG 08/15
Ausrüstung/Equipment	–

Siemens-Schuckert D I, 1. Serie.

Siemens-Schuckert D Ia

Siemens-Schuckert D Ia

DIE JAGDGESCHWADER

Die bereits erwähnte Aufstellung des ersten deutschen Jagdgeschwaders war eine direkte Folge der am 7. Juni 1917 begonnenen Schlacht in Flandern gewesen, die von den Engländern nach der Katastrophe der französischen Nivelle-Offensive im Frühjahr 1917 mit dem ersten Großeinsatz von Panzerkampfwagen und dem Ziel der Ausschaltung der deutschen U-Bootbasis in Zeebrügge begonnen worden war. Die von starken Flugzeugkräften unterstützten Panzerangriffe hatten teilweise zu so schweren Einbrüchen in die deutsche Front geführt, daß eine massierte deutsche Jagdabwehr erforderlich geworden war. Es kam zu schwersten Luftkämpfen über der Panzerschlacht bei Cambrai im August 1917, bei der das Jagdgeschwader 1 seine Leistungsfähigkeit unter Beweis stellte. Die Engländer versuchten das Geschwader durch nächtliche Bombenangriffe auf die Flugplätze des Geschwaders auszuschalten. Ab September trafen nach und nach die neuen Fokker-Dreidecker ein. Sie schienen zuerst Unglück zu bringen. Leutnant Voss, Führer der Jasta 10, wurde abgeschossen. Andere folgten. Dann aber setzte sich der Dreidecker durch. Im November schlief die Schlacht in Flandern ein. Noch stand die deutsche Front. Der Winter wurde genutzt, um sich auf die beabsichtigte deutsche Großoffensive im Frühjahr 1918, es sollte die letzte sein, vorzubereiten. Bis zum Beginn dieser sogenannten "Großen Schlacht in Frankreich", die am 21. März 1918 begann, erreichte die deutsche Jagdwaffe eine Stärke von 76 Staffeln, die Jasta 1 bis 54 und 57 bis 77. Für den Heimatschutz wurden die bisher dafür vorgesehenen Kampfeinsitzerstaffeln (KEST) in Jasta 81 bis 90 umbenannt. Es waren fünf Jagdgruppenstäbe eingesetzt, denen nach Bedarf zwei bis drei Staffeln von Fall zu Fall unterstellt wurden. Diese Jagdgruppen waren also noch keine Jagdgruppen in modernem Sinn. Für die Schulung der Jagdflieger waren die Jagdstaffelschulen in Valenciennes und Nivelles eingerichtet worden. Für die Frühjahrsschlacht wurden jetzt neu aufgestellt: Jagdgeschwader 2 unter Hauptmann von Tutschek mit den Jasta 12, 13, 15 und 19. Tutschek fiel aber bereits am 15. März 1918 auf seinem Dreidecker Dr.I 404/17. Sein Nachfolger wurde Hauptmann Berthold.

Gleichzeitig wurde das Jagdgeschwader 3 unter Hauptmann Bruno Loerzer aus den Jasta 26, 27, 36 und der Jagdstaffel Boelcke gebildet. Auch die Marine verstärkte ihren Jagdverband. Unter Führung von Leutnant Gotthard Sachsenberg entstand das Marine-Jagdgeschwader, das bis zum Sommer 1918 dann auf fünf Staffeln anwuchs. Die wichtigste Vorbereitung für den Einsatz der Jagdflieger war aber das Erscheinen eines neuen Jagdflugzeugs. Beim Vergleichsfliegen für Jagdeinsitzer in Johannisthal im Januar 1918 siegte Fokkers Versuchstyp V.18 über die Konkurrenzentwürfe von Albatros, Pfalz, Dornier und Rumpler. Das Muster ging als Fokker D VII in den Serienbau. Fokkers größter Triumph war die Tatsache, daß der größte Konkurrent, Albatros, den D VII in Lizenz bauen mußte.

Die ersten D VII kamen Anfang Mai an die Front, also zu spät für die Offensive, die bereits Ende März stecken blieb. Von nun standen die deutschen Streitkräfte nur noch in der Defensive. Daran konnte auch die Schlacht am

Kemmel im April 1918 nichts mehr ändern. Noch einmal versuchten die Deutschen in der Schlacht bei Noyon auf die Marne vorzustoßen, die am 12. Juni fast erreicht wurde. Dann waren die deutschen Kräfte am Ende. Inzwischen kamen immer mehr amerikanische Truppen an die Front. Es ist aber Tatsache, daß die frischen amerikanischen Squadrons des Air Service britische und französische Typen fliegen mußten. Amerika besaß damals keine Flugzeuge, die nach europäischen Maßstäben frontfähig waren. Am 8. August 1918 kam dann der "Schwarze Tag" des deutschen Heeres. 546 englische und französische Panzerkampfwagen brachen aus dem Raum Amiens in breiter Front durch die deutsche Front.

Manfred von Richthofen war bereits am 21. April 1918 gefallen. Sein Nachfolger Hauptmann Reinhardt stürzte am 3. Juli tödlich ab. Am 6. Juli übernahm Oberleutnant Göring das Geschwader. Zu diesem Zeitpunkt war bereits das ganze Geschwader mit dem Fokker D VII ausgerüstet. Richthofen war noch mit einem Dreidecker Dr.I 425/17 gefallen. Von nun an war der Kampf der deutschen Jäger nur noch ein Verzweiflungskampf bis zum bitteren Ende. In einer letzten Kraftanstrengung wurde im September das Bayerische Jagdgeschwader 4 unter Hauptmann Ritter von Schleich aus den Jasta 16, 23, 34 und 35 gebildet.

Der Kommandeur des Jagdgeschwaders 2 war im Luftkampf schwer verwundet worden und hatte das Kommando im Juni 1918 an Oberleutnant Freiherr von Boenigk abgegeben. Die deutsche Flugzeugindustrie versuchte immer neue und bessere Jagdflugzeuge zu entwickeln. An die Front kamen aber nur noch der Roland D VIb und der Pfalz D XII. Die Masse der deutschen Jagdverbände bestand aber aus Fokker D VII. Der hervorragend steigende Siemens D III scheiterte am Fehlen hochwertigen Schmieröls für den Motor Siemens Sh 3. Der Siemens D III stieg in 9,14 Minuten auf 4.366 Meter, der Fokker D VII brauchte dazu 11,42 Minuten. Aber als die Jasta 15 die ersten zehn Siemens D III erhielt, waren nach vier Wochen alle zehn wegen Motorschadens (Kolbenfresser) außer Gefecht! Fokker brachte dann noch den E V heraus, der Anfang August 1918 an die Front kam. Da es aber beim Jagdgeschwader 1 und 2 mehrere Todesstürze gab, wurde er gesperrt. Erst nach Verstärkung einiger Teile ging er noch als Fokker D VIII in Serie. Beim Jagdgeschwader 1 erzielte Leutnant Heldmann am 6. November 1918 den letzten Abschuß des Geschwaders. Am 9. November brach die Revolution aus. Am 11. November 1918 war der Erste Weltkrieg beendet. Sämtliche deutschen Flugzeuge mußten abgeliefert oder zerstört werden. Insbesondere war die unbeschädigte Ablieferung aller Fokker D VII im Waffenstillstandsvertrag festgelegt worden. In allen flugzeugbauenden Staaten wurde das Konzept dieses Flugzeugs noch bis in die dreißiger Jahre in mehr oder weniger geänderter Form beibehalten.

On 7th June 1917, the tank battle in the Flanders began. Due to the numerical superiority of the Royal Flying Corps, the German fighter forces had to be concentrated. Thus the first German "Jagdgeschwader" under the command of Richthofen was formed by Jasta 4, 6, 10 and 11. In September, the first Fokker triplanes were delivered to Jagdgeschwader 1, but they brought nothing but bad luck. Lt. Voss, commander of Jasta 10 was killed in F I/103/17, Lt. Kurt

Fokker D VII Jagdstaffel 13.

Fokker D VII, Jagdstaffel 13, Ltn. Grimm (links), Ltn. Niethammer (rechts).

Albatros-D-Va, Jagdstaffel 5, links Ltn. Mai, rechts Ltn. Rumey.

Wolff, commander of Jasta 11 was killed in F I/102/17. In November 1917, the Battle of Flanders ended. In the winter of 1917/18, the German air units were strengthened as much as possible. To the beginning of the German March 1918 offensive, the German fighter forces had reached a strength of 76 Jastas (Nos. 1 to 54 and 56 to 77). The single-seater squadrons allocated to home defence (KEST) were redesignated Jasta 81 to 90. Two more Jagdgeschwader were formed – Jagdgeschwader 2 under the command of Capt. von Tutschek with Jasta 12, 13, 15 and 19, and Jagdgeschwader 3 under Capt. Bruno Loerzer with Jastas Boelcke, 26, 27 and 36. A Marine-Jagdgeschwader under Lt. Sachsenberg was formed also. The Fokker D VII came into action in this offensive. This was a new fighter aircraft which had won the fighter competition in January 1918. It was built in large numbers by Fokker and Albatros and its subsidiaries. Richthofen was killed in action on 21st April 1918 in Fokker Dr. I 425/17. His successor Capt. Reinhardt had a fatal crash during a fighter competition on 3rd July 1918. On 6th July, Hermann Goering became the new commander of Jagdgeschwader 1. In the meantime, Fokker produced a new fighter, the E V. Initially, there were some fatal crashes, but after the strengthening of the wing construction, it went into production as the Fokker D VIII. Another excellent fighter, the Siemens-Schuckert D III, had a good deal of trouble with its engine, the Siemens Sh 3 due to the lack of high-quality lubricating oil. 8th August 1918 was the "Black Day" of the German Forces. 546 British and French tanks coming from the Amiens area broke through the German lines. This was the beginning of the end! The German fighters fought desperately but had no chance against allied numerical superiority. On 11th November 1918, the armistice was signed. All German aircraft had to be destroyed except for the Fokker D VII which was to be delivered to the victors. This aircraft influenced fighter design in all countries for the next ten years.

Das Ende der deutschen Fliegertruppe 1918.

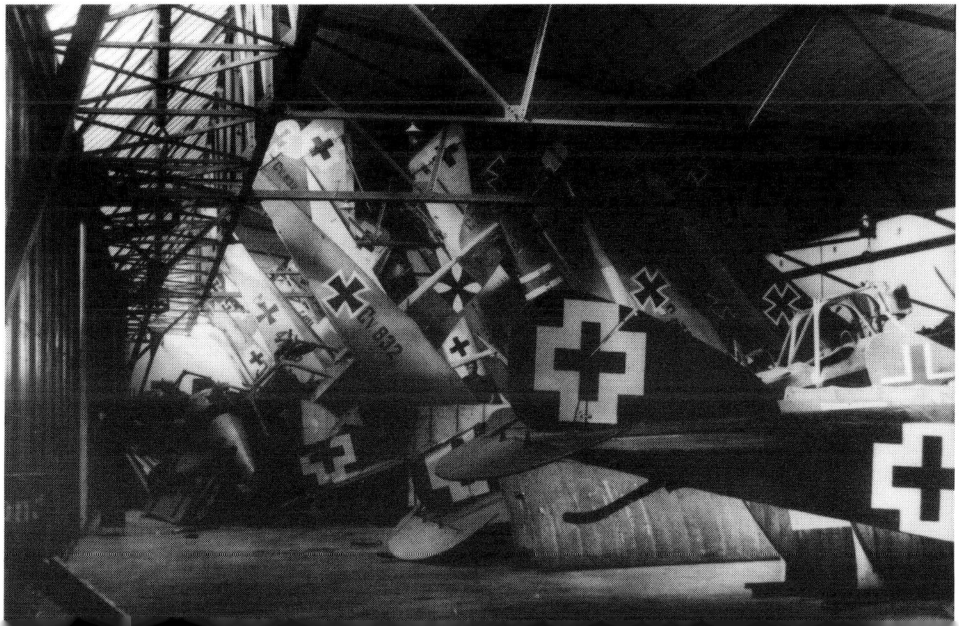

ALBATROS D V / D Va

Im allgemeinen entsprach dieser Typ dem Vorgänger D III. Die Flügelkonstruktion wies dieselben Schwächen auf, so daß Verstärkungen beim Holm des Unterflügels angebracht werden mußten. Die bei den ersten D V vorhandene Kopfstütze wurde wegen Sichtbehinderung des Piloten beseitigt und der Rumpf hinter dem Führersitz höher gezogen. Während das Seitenruder beim D III eine gerade Hinterkante hatte, war sie beim D V gerundet. Die Querruder im Oberflügel wurden über einen Extradraht betätigt. Die Leistungen des D V waren nicht besser als die des D III. Trotzdem wurde D Va bis zum Kriegsende geflogen. Die Staffelung des Oberflügels zum Unterflügel betrug beim D III und D V 220 mm.

Generally this type was very similar to the D III. The wing construction had the same weaknesses so that it was necessary to strengthen the spar of the lower wing. The headrest of the D V was soon removed to improve the pilots view rearwards. Whilst the side-rudder of the D III had a straight training-edge, the D V had a rounded one. Wings, interplane struts and tailplane were almost identical to those of the D III. D V had also extra aileron-cables. Performance of the D V was not better than that of the D III. The upper wing was staggered against the lower one 220 mm. The D Va was produced and flown in front-line service up to the end of the First World War.

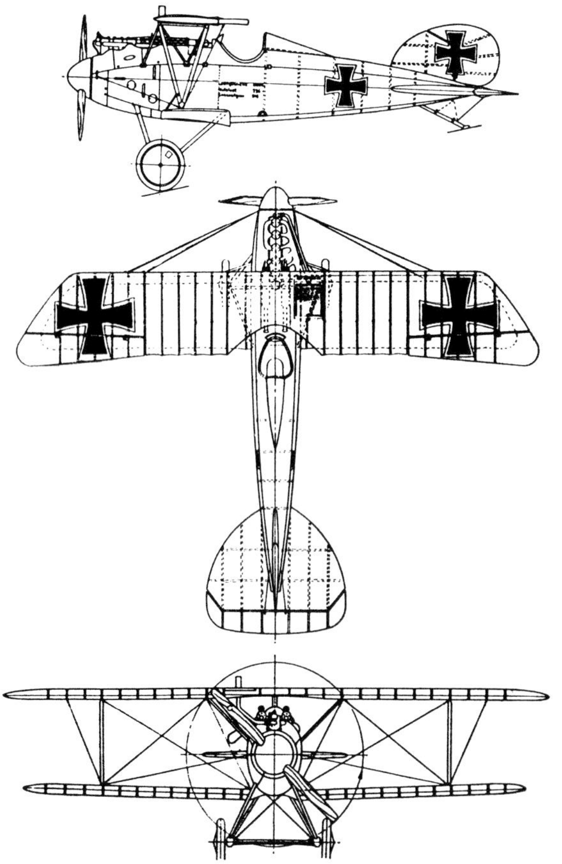

Flugzeugtyp	Albatros D V / D Va
Baujahr/Built in	1917
Zweck/Purpose	Jäger/Fighter
Besatzung/Crew	1
Triebwerk/Powerplant	Mercedes
Leistung PS/HP	160
Spannweite m/Span m	9,00
Länge m/Length m	7,33
Höhe m/Height m	2,70
Tragfläche qm Wing area qm	–
Leergewicht kg Empty weight kg	680
Fluggewicht kg Gross weight kg	915
Höchstgeschwindigkeit km/h Maximal speed km/h	165
Marschgeschwindigkeit km/h Medium speed km/h	–
Landegeschwindigkeit km/h Landing speed km/h	–
Steiggeschwindigkeit min/m Climbs min/m	35/5.000
Reichweite km/Range km	330
Gipfelhöhe m/Ceiling m	5.000
Bewaffnung/Armament	2 MG
Ausrüstung/Equipment	–

Albatros D Va

Albatros D V

DORNIER D I

Konstruktion Claude Dornier. Freitragender, unverspannter Doppeldecker in Ganzmetall-Bauweise. Hinteres Drittel des Rumpfes stoffbespannt. Querruder nur am Oberflügel. Baustoff Duraluminium, nur Streben Stahl. Die erste Maschine wurde im Juni 1918 beim dritten Jagdflugzeug-Vergleichsfliegen in Adlershof vorgestellt. Mit ihr stürzte Hauptmann Reinhardt, Kommandeur des JG 1 "Richthofen" am 3. Juli 1918 mit Flügelbruch tödlich ab. Daraufhin gestrichen. Zweite Versuchsmaschine noch bis Kriegsende gebaut. Nach 1918 zwei Maschinen nach USA, eine an das Army Air Corps und die andere an die Marine (A 6058). Eine dritte D I kam ins Dornier Werksmuseum und wurde im Zweiten Weltkrieg durch Bomben zerstört.

Design Claude Dornier. Cantilever, unbraced biplane in all-metal construction. Back part of fuselage fabric-covered. Ailerons only at the upper wing. Materiel Duraluminium, only struts steel. First aircraft shown for fighter-competition in Adlershofen in June 1918. In it Capt. Reinhardt, commander of JG 1 "Richthofen" had a fatal crash due to broken wings 3rd July 1918. As consequence, Do D I was cancelled. Second experimental plane built by end of WW I. After 1918 two planes delivered to USA, one to US-Army Air Corps, the other to US-Navy (A 6058); A third one came to the Dornier Works Museum und was destroyed by bombing in WW II.

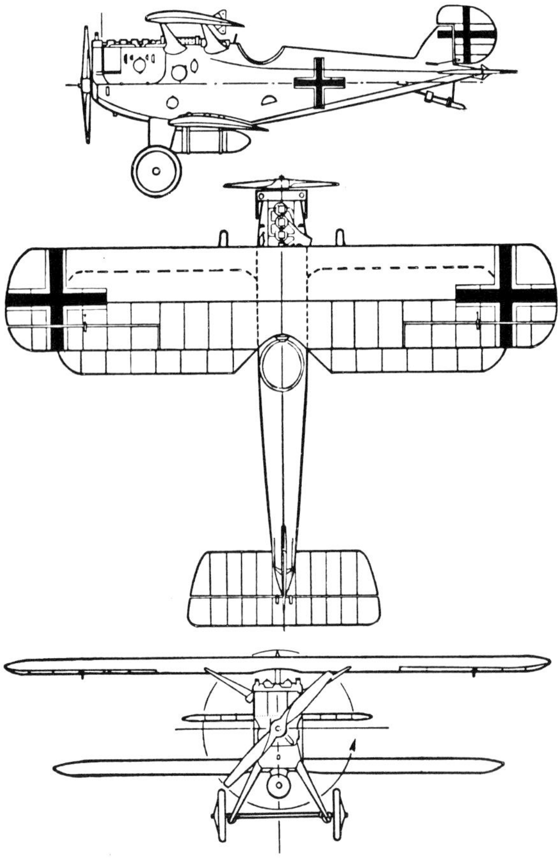

Flugzeugtyp	Dornier D I
Baujahr/Built in	1918
Zweck/Purpose	Jäger/Fighter
Besatzung/Crew	1
Triebwerk/Powerplant	BMW IIIa
Leistung PS/HP	185
Spannweite m/Span m	7,80
Länge m/Length m	6,40
Höhe m/Height m	2,60
Tragfläche qm Wing area qm	18,66
Leergewicht kg Empty weight kg	725
Fluggewicht kg Gross weight kg	883
Höchstgeschwindigkeit km/h Maximal speed km/h	200
Marschgeschwindigkeit km/h Medium speed km/h	170
Landegeschwindigkeit km/h Landing speed km/h	85
Steiggeschwindigkeit min/m Climbs min/m	–
Reichweite km/Range km	–
Gipfelhöhe m/Ceiling m	8.100
Bewaffnung/Armament	2 MG
Ausrüstung/Equipment	–

Dornier D I

FOKKER Dr. I

Als im April 1917 die ersten englischen Sopwith-Dreidecker auftauchten, begann Fokker sofort mit der Entwicklung eines Konkurrenzmusters. Als erstes entstand das Versuchsmuster V.3 ohne Flächenstiele. Diese Maschine erwies sich als unstabil. Es folgte V.4 mit I-Stielen zwischen den Tragflächen. Diese Ausführung ging als Fokker F I in Produktion. Mit den beiden ersten F I fielen die Leutnants Voss und Wolff vom JG 1. Von nun an wurden die Serienmaschinen als Dr. I bezeichnet. Als weitere Dreidecker abstürzten, wurde der Typ zurückgezogen und erst nach Verstärkung wieder zugelassen. Bis Mai 1917 sind insgesamt 320 dieser Dreidecker gebaut und noch bis 1918 geflogen worden.

When in April the first British Sopwith Triplanes appeared at the front, Fokker started to design a triplane. The first experimental V.3 failed because of vibration of the wings without interplane-struts. V.4 got I-struts and so the triplane was accepted. The first was named F I, but after the death of Lt. Voss and Lt. Wolff of JG 1 it was renamed Dr. I. After further crashes it was withdrawn and got structural modifications. After this, it was produced again and was in action until 1918. Altogether 320 Fokker triplanes were built.

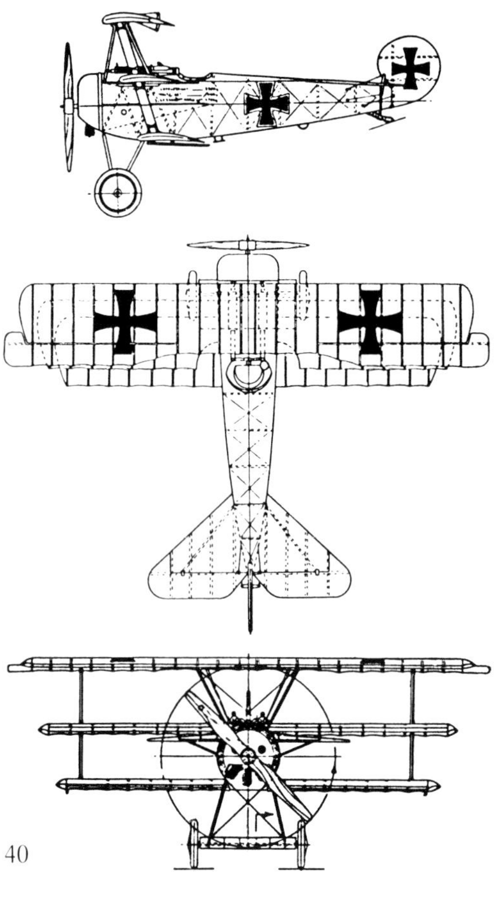

Flugzeugtyp	Fokker Dr.I
Baujahr/Built in	1917
Zweck/Purpose	Jäger/Fighter
Besatzung/Crew	1
Triebwerk/Powerplant	Oberursel
Leistung PS/HP	110
Spannweite m/Span m	6,73
Länge m/Length m	5,75
Höhe m/Height m	2,73
Tragfläche qm Wing area qm	16,0
Leergewicht kg Empty weight kg	370
Fluggewicht kg Gross weight kg	570
Höchstgeschwindigkeit km/h Maximal speed km/h	160
Marschgeschwindigkeit km/h Medium speed km/h	–
Landegeschwindigkeit km/h Landing speed km/h	–
Steiggeschwindigkeit min/m Climbs min/m	10/4.000
Reichweite km/Range km	300
Gipfelhöhe m/Ceiling m	5.000
Bewaffnung/Armament	2 MG
Ausrüstung/Equipment	–

Fokker Dr. I 152/17 (Richthofen +).

Fokker Dr. I 163/17

Fokker Dr. I 425/17 (Richthofen +)

FOKKER D VII

Beim Vergleichsfliegen im Januar 1918 siegte Fokkers Versuchsjäger V.18, der als D VII das beste deutsche Jagdflugzeug des Ersten Weltkriegs wurde. Es wurde außer bei Fokker auch in Großserie bei Albatros und den Ostdeutschen Albatros-Werken (OAW) gebaut. Unverspannter Doppeldecker in Gemischtbauweise. Flächen Holzkonstruktion, Vorderkante Holz, dahinter Stoffbespannung. Rumpf und Leitwerk Stahlrohrgerüst, stoffbespannt. Wurde sowohl mit 185 PS BMW, als auch mit 160 PS Mercedes geliefert. Steigleistung mit BMW erheblich besser. Versuchsausführungen auch mit anderen Motoren. Von Fokker nach 1918 in Holland weitergebaut.

At the fighter competition in January 1918 Fokker's experimental fighter V.18 won. As D VII it became the best German fighter aircraft of World War I. It was built in large numbers at Fokker's, Albatros and East German Albatros Works (OAW). Unbraced biplane of mixed construction. Wings wooden spars and ribs, leading edge wood, rest fabric covered. Fuselage and tail-unit steel tubes fabric overed. Was produced with BMW 185 HP and Mercedes 160 HP. Climb with BMW much better. Experimental versions also with other engines. After war still produced by Fokker in the Netherlands.

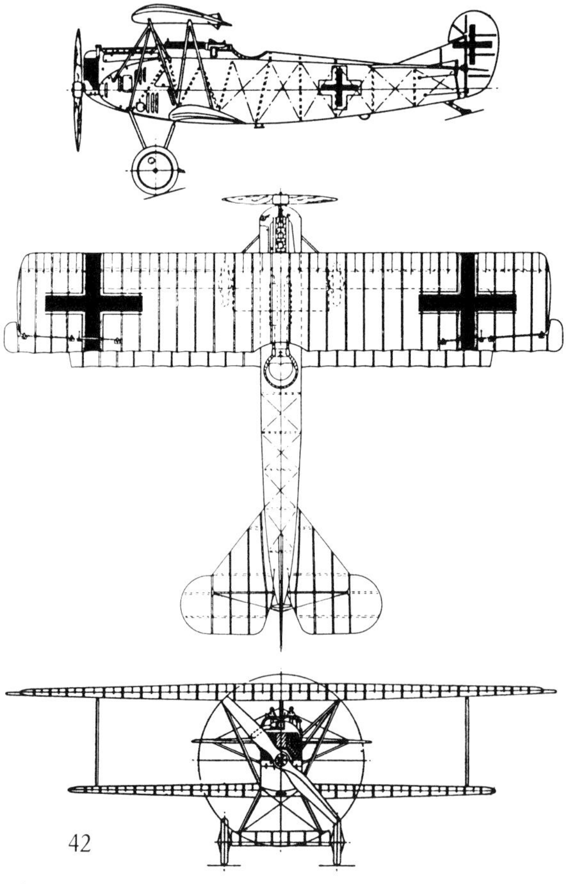

Flugzeugtyp	Fokker D VII
Baujahr/Built in	1917/18
Zweck/Purpose	Jäger/Fighter
Besatzung/Crew	1
Triebwerk/Powerplant	Mercedes/BMW
Leistung PS/HP	160/185
Spannweite m/Span m	8,90
Länge m/Length m	6,90
Höhe m/Height m	2,90
Tragfläche qm Wing area qm	20,2
Leergewicht kg Empty weight kg	680
Fluggewicht kg Gross weight kg	900
Höchstgeschwindigkeit km/h Maximal speed km/h	200
Marschgeschwindigkeit km/h Medium speed km/h	180
Landegeschwindigkeit km/h Landing speed km/h	85
Steiggeschwindigkeit min/m Climbs min/m	14/5.000
Reichweite km/Range km	–
Gipfelhöhe m/Ceiling m	6.000
Bewaffnung/Armament	2 MG
Ausrüstung/Equipment	–

Fokker D VII 507/18, BMW 185 PS.

Fokker D VII, Mercedes 160 PS.

FOKKER E V / D VIII

Beim Vergleichsfliegen im April 1918 erschien Fokker mit einem Hochdecker V.26, der Sieger des Wettbewerbs wurde. Er ging als Folgemuster für den D VII in Serie. Der Flügel war eine reine Holzkonstruktion. Der Rumpf Stahlrohrgerüst, verspannt, oben mit Holz, die anderen Flächen mit Stoff bespannt. Nach der Auslieferung der ersten E V gab es mehrere Todesstürze bei JG 1 und JG 2, worauf der E V gesperrt wurde. Nach Änderung der Flächenkonstruktion wurden bis Kriegsende noch eine Anzahl E V unter der neuen Bezeichnung D VIII an die Front geliefert und geflogen.

At the fighter competition in April 1918, Fokker's experimental V. 26 won. As successor of the D VII, production began as E V. The wing was an all-wood construction. Fuselage steel tubes, fabric covered, except upper edge, which had a wooden cover. After the first E V's were delivered, several fatal crashes happened with JG 1 and JG 2. The E V was withdrawn. After wing being modified, it was produced in small numbers as D VIII and flown in action until end of war.

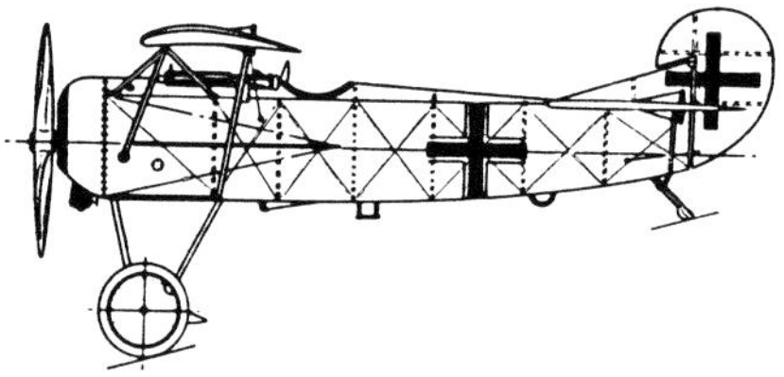

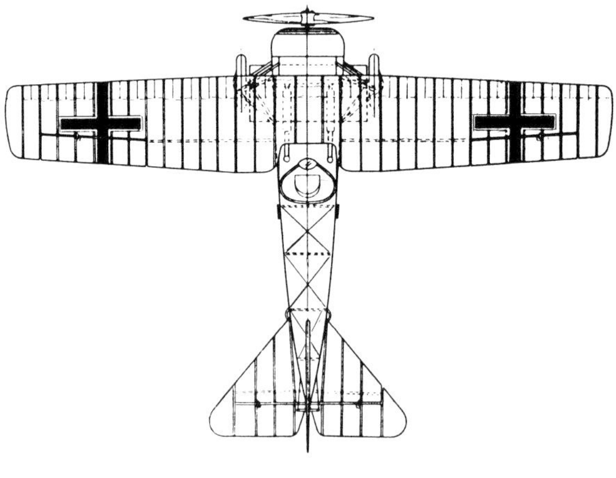

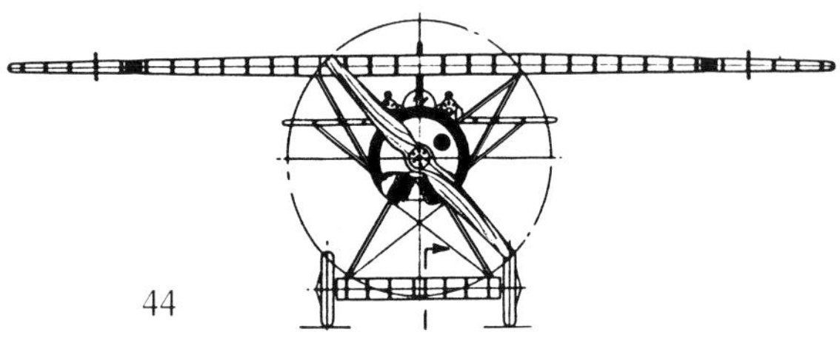

Flugzeugtyp	Fokker EV/D VIII
Baujahr/Built in	1918
Zweck/Purpose	Jäger/Fighter
Besatzung/Crew	1
Triebwerk/Powerplant	Oberursel
Leistung PS/HP	140
Spannweite m/Span m	8,30
Länge m/Length m	5,80
Höhe m/Height m	2,80
Tragfläche qm Wing area qm	10,70
Leergewicht kg Empty weight kg	400
Fluggewicht kg Gross weight kg	600
Höchstgeschwindigkeit km/h Maximal speed km/h	200
Marschgeschwindigkeit km/h Medium speed km/h	180
Landegeschwindigkeit km/h Landing speed km/h	90
Steiggeschwindigkeit min/m Climbs min/m	15/500
Reichweite km/Range km	–
Gipfelhöhe m/Ceiling m	6.000
Bewaffnung/Armament	2 MG
Ausrüstung/Equipment	–

Fokker E V 138/18

Fokker D VIII 697/18

JUNKERS D I (J 9)

Bereits 1916 hatte Professor Junkers einen Ganzmetall-Jagdeinsitzer herausgebracht, J 2, von dem drei Maschinen als Junkers E I gebaut wurden, aber nicht befriedigten. Ihnen folgte im September 1917 J 7, die gute Leistungen aufwies, aber beim zweiten Vergleichsfliegen zu Bruch geflogen wurde. Im April erschien dann J 9, die dann als Junkers D I in Serie ging. Im ganzen wurden 40 D I gebaut, die aber nicht mehr an die Front kamen. Sie wurden dann Anfang 1919 Hauptbestandteil des "Geschwaders Sachsenberg", das in den Kämpfen um das Baltikum noch bis 1922 im Einsatz war.

As early as 1916 Prof. Junkers had produced an all-metal fighter J 2, of which three models were built, but was not satisfactory. They were followed by J 7, which performed well but crashed during the 2nd fighter test. In April 1918 J 9 was made und reached production figures as Junkers D I.40 planes were built, but did not reach the front line. They became backbone of "Battle Squadron Sachsenberg" in 1919, which was in action to 1922 in the battle on the Baltic. The J 9 was the first all-metal fighter, which really saw action.

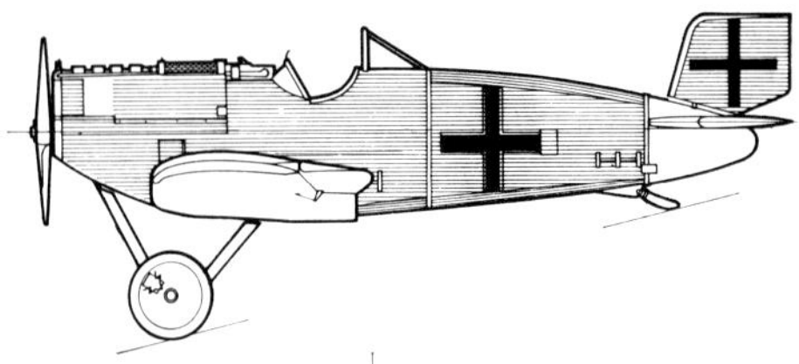

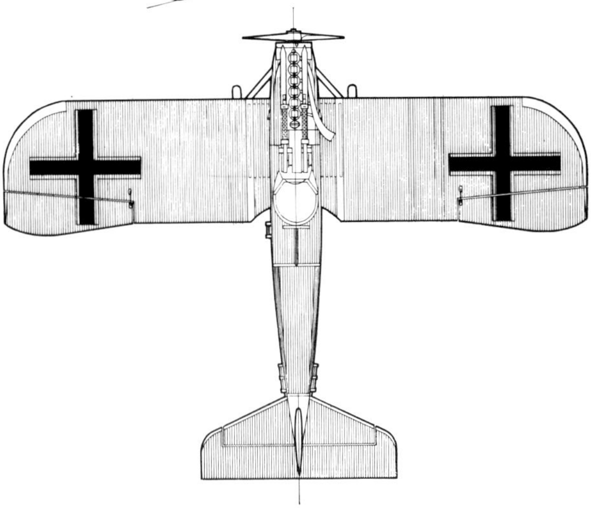

Flugzeugtyp	Junkers D I (J 9)
Baujahr/Built in	1918
Zweck/Purpose	Jäger/Fighter
Besatzung/Crew	1
Triebwerk/Powerplant	Mercedes/BMW
Leistung PS/HP	160/185
Spannweite m/Span m	9,00/9,08
Länge m/Length m	7,25
Höhe m/Height m	2,60
Tragfläche qm	
Wing area qm	14,80/14,92
Leergewicht kg	
Empty weight kg	654
Fluggewicht kg	
Gross weight kg	834
Höchstgeschwindigkeit km/h	
Maximal speed km/h	220/240
Marschgeschwindigkeit km/h	
Medium speed km/h	200/220
Landegeschwindigkeit km/h	
Landing speed km/h	85
Steiggeschwindigkeit min/m	
Climbs min/m	23,40/12,70/5.000
Reichweite km/Range km	300/290
Gipfelhöhe m/Ceiling m	6.700/7.000
Bewaffnung/Armament	2 LMG 08/15
Ausrüstung/Equipment	–

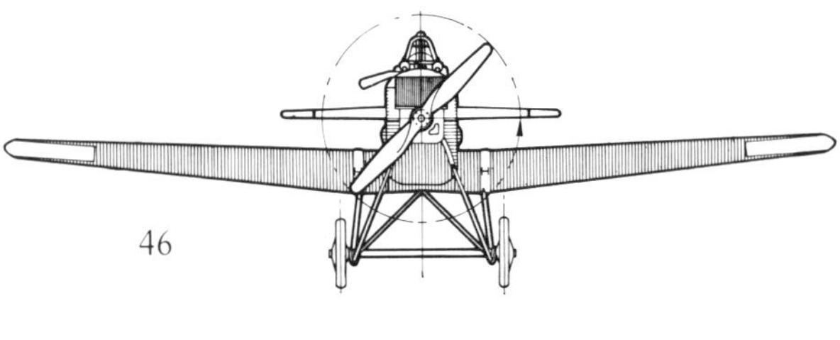

Junkers J 7 (Prototyp D I)

Junkers D I 5185/18 (J 9)

Junkers D I (J 9), Benz 195 PS.

LUFT-FAHRZEUG-GESELLSCHAFT "Roland" D VIb

Verspannter Doppeldecker. Tragfläche Holzgerüst mit Stoffverspannung. Sogenannter "Klinker-Rumpf", eine Bauart, die vom Bootsbau übernommen wurde. Versuchsausführungen wiederholt geändert. Unterlag beim Vergleichsfliegen Oktober 1918 dem Fokker D VII. Trotzdem wurde eine kleine Serie gebaut. War sehr wendig und hatte für Pilot gute Sichtverhältnisse. Unter anderem bei den bayerischen Jagdstaffeln 16 und 35 eingesetzt.

Wire-braced biplane. Wings both wooden ribs and spars fabric-covered. So-called "klinker"-fuselage, a system, which was taken over from sportboat construction. Prototypes repeatedly modified. Lost fighter test in October 1918 against Fokker D VII. Small number produced and in action with the Bavarian squadrons Jasta 16 and 35. Was very manoeuvrable and offered good view to pilot.

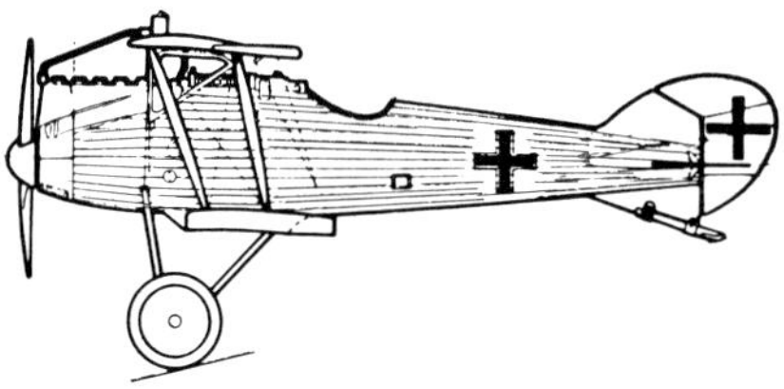

Flugzeugtyp	LFG Roland D VIb
Baujahr/Built in	1917
Zweck/Purpose	Jäger/Fighter
Besatzung/Crew	1
Triebwerk/Powerplant	Benz IIIa
Leistung PS/HP	185
Spannweite m/Span m	9,40
Länge m/Length m	6,20
Höhe m/Height m	2,84
Tragfläche qm Wing area qm	23,00
Leergewicht kg Empty weight kg	678
Fluggewicht kg Gross weight kg	888
Höchstgeschwindigkeit km/h Maximal speed km/h	185
Marschgeschwindigkeit km/h Medium speed km/h	170
Landegeschwindigkeit km/h Landing speed km/h	85
Steiggeschwindigkeit min/m Climbs min/m	18,20/5.000
Reichweite km/Range km	250
Gipfelhöhe m/Ceiling m	7.000
Bewaffnung/Armament	2 LMG 08/15
Ausrüstung/Equipment	–

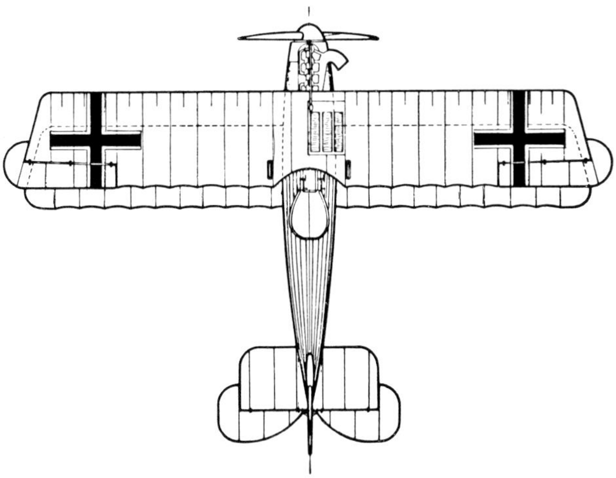

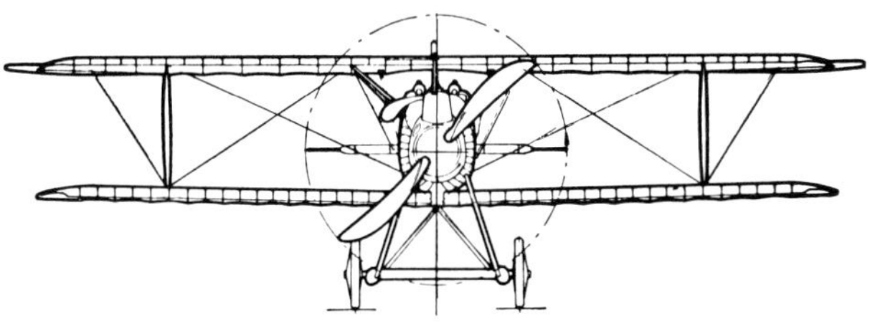

L.F.G. Roland D VIb

L.F.G. Roland D VIb

PFALZ D III / D IIIa

Im Sommer 1917 entstand bei Pfalz dieser Doppeldecker, dessen Leistungen befriedigend waren, so daß die Firma einen Produktionsauftrag erhielt. Aber wenige Wochen nach Eintreffen der neuen Maschinen bei den Jagdstaffeln ereigneten sich einige Todesstürze. Es wurde festgestellt, daß die Bauvorschriften nicht eingehalten worden waren und die zuständige Bauaufsicht ihre Pflicht verletzt hatte. Es wurden Änderungen an der Zelle vorgenommen und die nunmehr zuverlässige Maschine als D IIIa bezeichnet. Winter 1917/18 war Pfalz D III nicht mehr im Einsatz.

This biplane was built by Pfalz in summer 1917. Performance was satisfactory and a production order was given. But after a few weeks some fatal crashes occured and it was apparent, that the construction-instructions had not been carried out. The supervisors at Pfalz had failed in their duty. The airframe got some modifications and in this new shape it was reliable and got the new designation Pfalz /D IIIa. In winter 1917/18 it was withdrawn.

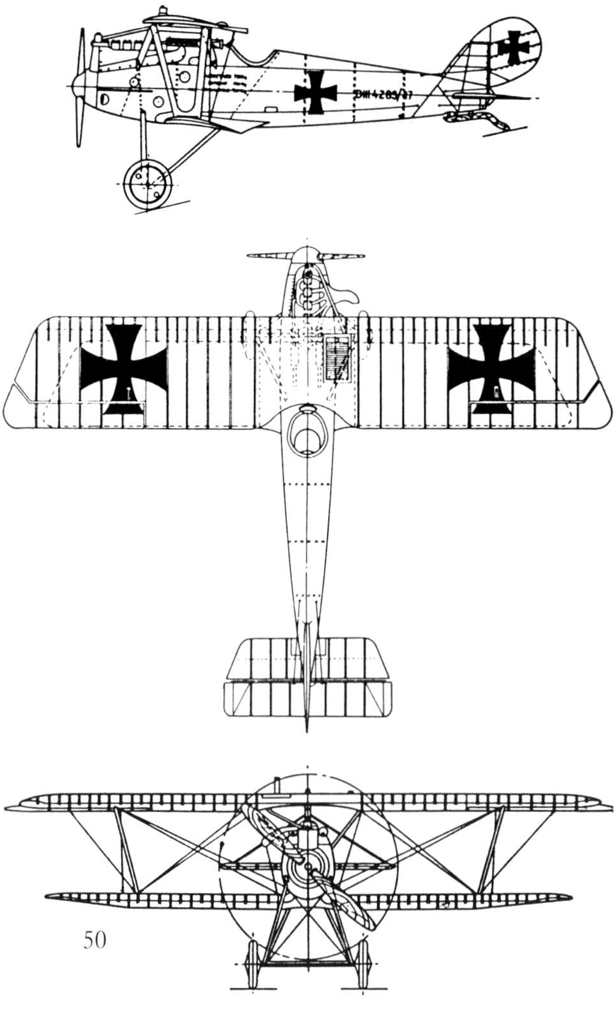

Flugzeugtyp	Pfalz D IIIa
Baujahr/Built in	1917
Zweck/Purpose	Jäger/Fighter
Besatzung/Crew	1
Triebwerk/Powerplant	Mercedes
Leistung PS/HP	160
Spannweite m/Span m	9,38
Länge m/Length m	6,95
Höhe m/Height m	–
Tragfläche qm Wing area qm	22,14
Leergewicht kg Empty weight kg	695
Fluggewicht kg Gross weight kg	932
Höchstgeschwindigkeit km/h Maximal speed km/h	165
Marschgeschwindigkeit km/h Medium speed km/h	150
Landegeschwindigkeit km/h Landing speed km/h	–
Steiggeschwindigkeit min/m Climbs min/m	17/3.000
Reichweite km/Range km	400
Gipfelhöhe m/Ceiling m	5.200
Bewaffnung/Armament	2 LMG 08/15
Ausrüstung/Equipment	–

Pfalz D III 1366/17

Pfalz D IIIa

PFALZ D XII

Dieser Doppeldecker wurde im September 1918 an die bayerischen Jagdstaffeln ausgeliefert. Die Maschine war etwas schneller als der Fokker D VII, war aber durch die zwei Stielpaare und die Verspannung nicht so manövrierfähig wie dieser. Trotzdem war dieser Typ noch bis Kriegsende 1918 im Einsatz. Obwohl die Piloten ihn nicht liebten, war der D XII dem Fokker D VII in der Geschwindigkeit und im Sturzflug überlegen.

In September 1918 this biplane was delivered to the Bavarian fighter squadrons. This aircraft was faster than the Fokker D VII, but was not so manoeuvrable because of the two pairs of struts and the wire bracing. In spite of these facts, this model was in action to the end of the war in 1918. Although the pilots did not like it very much, the D XII was superior to the Fokker D VII in speed and diving.

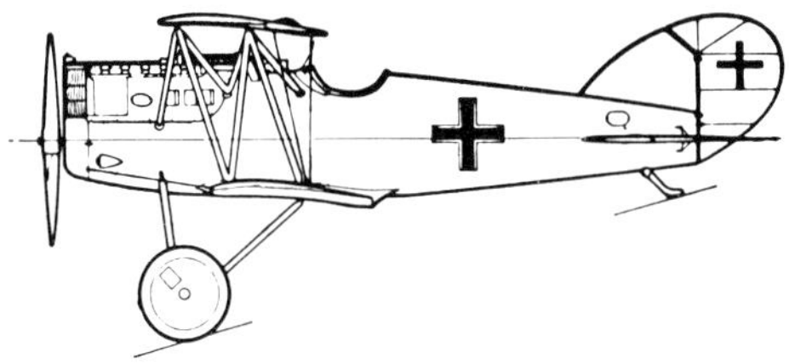

Flugzeugtyp	Pfalz D XII
Baujahr/Built in	1918
Zweck/Purpose	Jäger/Fighter
Besatzung/Crew	1
Triebwerk/Powerplant	Mercedes
Leistung PS/HP	160
Spannweite m/Span m	9,00
Länge m/Length m	6,35
Höhe m/Height m	2,70
Tragfläche qm Wing area qm	–
Leergewicht kg Empty weight kg	732
Fluggewicht kg Gross weight kg	892
Höchstgeschwindigkeit km/h Maximal speed km/h	185
Marschgeschwindigkeit km/h Medium speed km/h	160
Landegeschwindigkeit km/h Landing speed km/h	73
Steiggeschwindigkeit min/m Climbs min/m	14/3.000
Reichweite km/Range km	370
Gipfelhöhe m/Ceiling m	5.500
Bewaffnung/Armament	2 LMG 08/15
Ausrüstung/Equipment	–

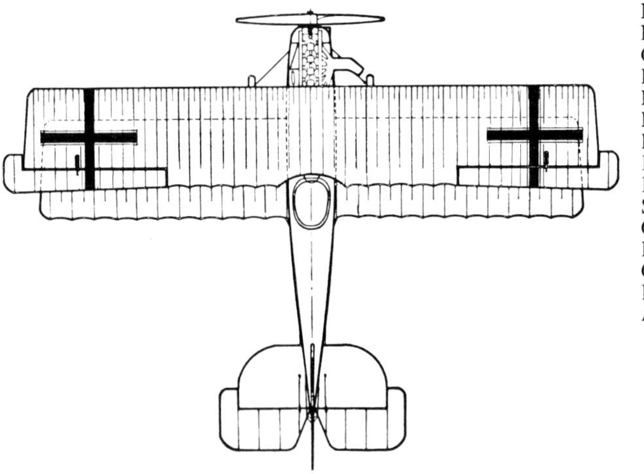

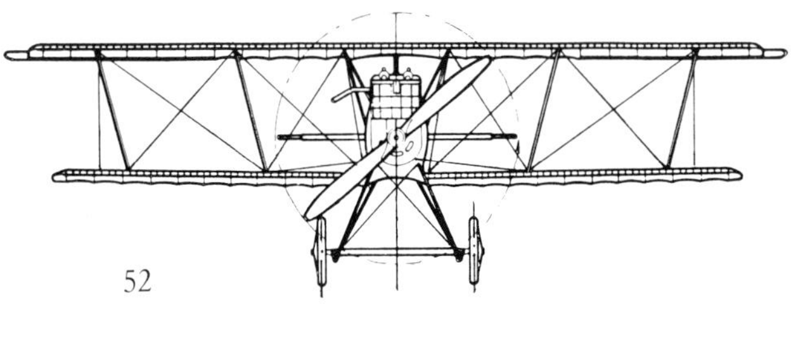

Pfalz D XII 1375/18

Pfalz D XII 43/18

RUMPLER 8D1 (D I)

Dieses vielleicht modernste Jagdflugzeug des Ersten Weltkriegs war das letzte Glied einer Entwicklungsreihe, die mit dem Versuchsjäger 7D1 begann und über 7D2 bis 7D8 zum 8D1 führte. Es sind wahrscheinlich nur neun Maschinen D I/1581/18 bis 1589/18 gebaut worden. Eine dieser Maschinen wurde in Adlershof von Göring beim Vergleichsfliegen Oktober 1918 und eine zweite mit zivilem Kennzeichen D-109 in Augsburg bei einem Flugtag Oktober 1919 von Udet und Ritter von Greim geflogen. Sämtliche Maschinen mußten zerstört werden.

This perhaps most modern fighter aircraft of World War I was the last member of a chain which began with the experimental 7D1 and continued through the 7D2 to the 7D8, to the 8D1. Probably only nine aircraft of this type were built, D I/1581/18 to 1589/18. One of these planes was flown by Goering in Adlershof in October 1918 and a second one with civilian marking D-109 by Udet and Ritter von Greim at an airshow in October 1919 in Augsburg. All the planes were destroyed on Allied orders.

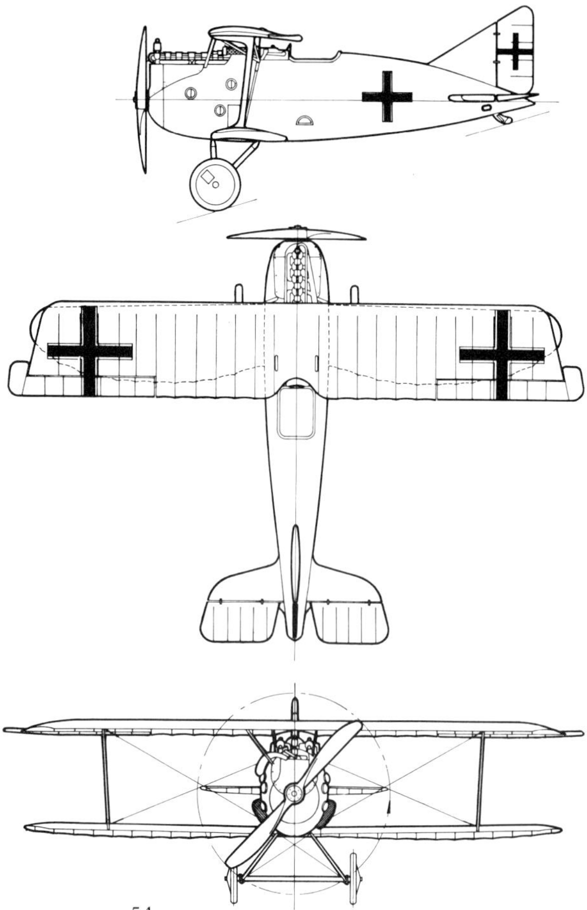

Flugzeugtyp	Rumpler D I (8D1)
Baujahr/Built in	1918
Zweck/Purpose	Versuchsjäger/ Experimental fighter
Besatzung/Crew	1
Triebwerk/Powerplant	BMW
Leistung PS/HP	185
Spannweite m/Span m	8,20
Länge m/Length m	5,70
Höhe m/Height m	2,60
Tragfläche qm Wing area qm	8,00
Leergewicht kg Empty weight kg	615
Fluggewicht kg Gross weight kg	806
Höchstgeschwindigkeit km/h Maximal speed km/h	200
Marschgeschwindigkeit km/h Medium speed km/h	170
Landegeschwindigkeit km/h Landing speed km/h	75
Steiggeschwindigkeit min/m Climbs min/m	17,8/6.000
Reichweite km/Range km	400
Gipfelhöhe m/Ceiling m	8.500
Bewaffnung/Armament	–
Ausrüstung/Equipment	–

Rumpler D I (8D1) 1581/18

Rumpler D I (8D1) 1589/18

Rumpler D I (8D1) D-109, Augsburg, Oktober 1919.

SIEMENS-SCHUCKERT D III

1917 entwickelte Bruno Steffen verschiedene Ausführungen eines Versuchsjägers D II. Von diesen wurde die Version D IIc als Musterflugzeug für den neuen Jäger D III ausgewählt. Es wurden 50 Maschinen gebaut, von denen die ersten zur Truppenerprobung zur Jagdstaffel 15 kamen. Die Leistungen, besonders die Steigfähigkeit waren ausgezeichnet. Aber der Mangel an geeignetem Schmieröl führte zu Schwierigkeiten, so daß der Sh 3 Motor zum Sh 3a geändert werden mußte. In dieser Ausführung war der Siemens D III ein ausgezeichnetes Jagdflugzeug.

In 1917, Bruno Steffen designed different versions of the experimental fighter D II. Of these, the D IIc was selected as prototype for a new Siemens D III. Of this type, 50 were built. The first D III's were tested in action with Jagdstaffel 15. Performance, especially climbing, was excellent. But the shortage of lubrication oil caused problems, and modification of the Sh3-engine was necessary. With the new Sh 3a, the Siemens D III was an excellent aircraft.

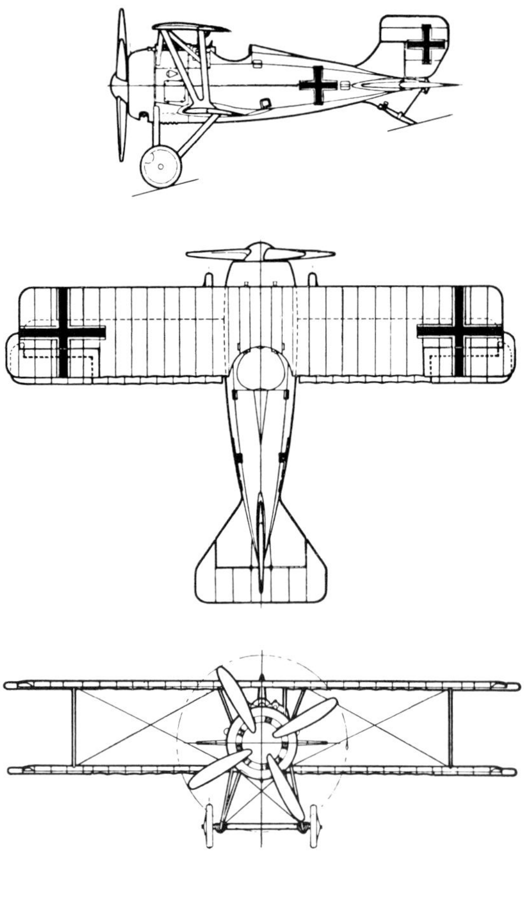

Flugzeugtyp	Siemens-Schuckert D III
Baujahr/Built in	1917/18
Zweck/Purpose	Jäger/Fighter
Besatzung/Crew	1
Triebwerk/Powerplant	Siemens Sh IIIa
Leistung PS/HP	160
Spannweite m/Span m	8,40
Länge m/Length m	5,60
Höhe m/Height m	–
Tragfläche qm	
Wing area qm	18,50
Leergewicht kg	
Empty weight kg	520
Fluggewicht kg	
Gross weight kg	750
Höchstgeschwindigkeit km/h	
Maximal speed km/h	180
Marschgeschwindigkeit km/h	
Medium speed km/h	–
Landegeschwindigkeit km/h	
Landing speed km/h	–
Steiggeschwindigkeit min/m	
Climbs min/m	17/6.000
Reichweite km/Range km	360
Gipfelhöhe m/Ceiling m	8.000
Bewaffnung/Armament	2 LMG 08/15
Ausrüstung/Equipment	–

Siemens-Schuckert D III 8341/17

Siemens-Schuckert D III, Jagdstaffel 15, 1918.

ARADO SSD-I

Dieses Schwimmerflugzeug wurde ebenfalls von Rethel entworfen und für die Marine gebaut. Es war ein unverspannter Doppeldecker in Gemischtbauweise. Zentralschwimmer mit seitlichen Stützschwimmern. Es wurde nur ein Exemplar gebaut und als D-1905 registriert. Nach der Werkserprobung wurden die Schwimmer durch ein Fahrwerk ersetzt, und das Flugzeug zur weiteren Erprobung nach Lipezk überführt. Da sich Konkurrenzmuster He 38 als überlegen erwies, wurden keine weiteren Flugzeuge dieses Typs hergestellt.

This floatplane was also designed by Rethel and built for the Navy. It was an unbraced biplane of mixed construction. Central float with supporting floats under wingtips. Only one was built and registered as D-1905. After the first tests at the factory, the floats were replaced by an undercarriage. In this form it was transferred to Lipezk for further tests. As the corresponding design He 38 proved itself superior to the SSD-1, so it was not produced any more.

Flugzeugtyp	Arado SSD I	Höchstgeschwindigkeit km/h Maximal speed km/h	280
Baujahr/Built in	1929	Marschgeschwindigkeit km/h Medium speed km/h	225
Zweck/Purpose	Bordjäger/ Shipboard flighter	Landegeschwindigkeit km/h Landing speed km/h	105
Besatzung/Crew	1	Steiggeschwindigkeit min/m Climbs min/m	–
Triebwerk/Powerplant	BMW VI	Reichweite km/Range km	–
Leistung PS/HP	650	Gipfelhöhe m/Ceiling m	6.800
Spannweite m/Span m	10,00	Bewaffnung/Armament	2 MG
Länge m/Length m	10,10	Ausrüstung/Equipment	–
Höhe m/Height m	3,50		
Tragfläche qm Wing area qm	30,90		
Leergewicht kg Empty weight kg	1.627		
Fluggewicht kg Gross weight kg	2.030		

Arado SSD I

Arado SSD I mit Fahrwerk *(as landplane)*.

ARADO Ar 64

Weiterentwicklung der Arado SD II und SD III. Verspannter Doppeldecker in Gemischtbauweise. Siemens "Jupiter", zwei Ar 64b auch mit BMW VI 6,3. Nach Vorserie von sechs Stück noch 19 in Serie als Ar 64d gebaut. Drei Prototypen gingen nach Lipezk, der Rest flog mit zivilen Kennzeichen bei der Deutschen Verkehrsflieger-Schule (DFS).

Development of the predecessors Arado SD II and SD III. Wire-braced biplane of mixed construction. Siemens "Jupiter", only two Ar 64 b with BMW VI 6,3. First prototype of six, later still 19 in serial production. Three prototypes transferred to Lipezk. The rest flew with civil markings at the German Airline Pilots School (DVS).

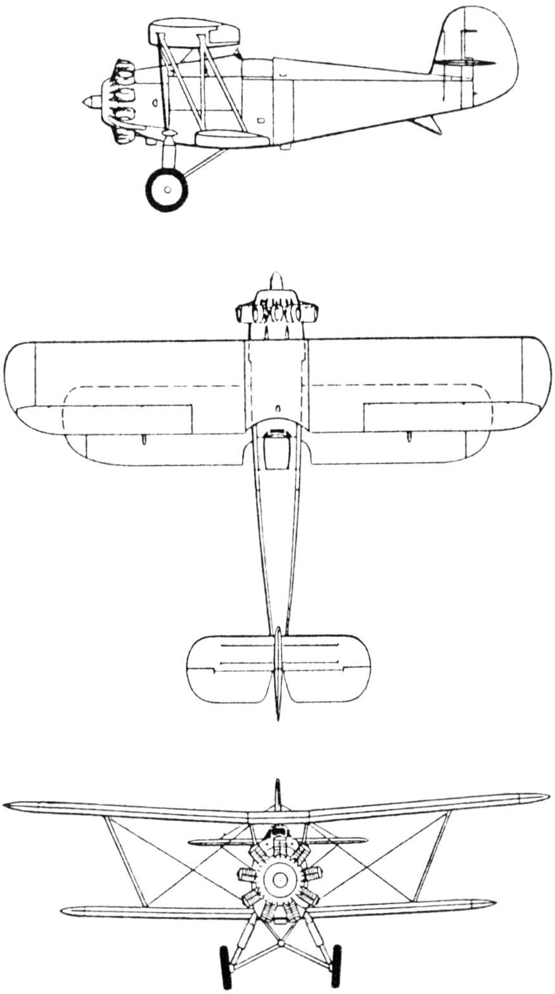

Flugzeugtyp	Arado Ar 64
Baujahr/Built in	1931
Zweck/Purpose	Versuchsjäger/ Experimental fighter
Besatzung/Crew	1
Triebwerk/Powerplant	Siemens "Jupiter"
Leistung PS/HP	530
Spannweite m/Span m	9,90
Länge m/Length m	7,80
Höhe m/Height m	–
Tragfläche qm Wing area qm	–
Leergewicht kg Empty weight kg	–
Fluggewicht kg Gross weight kg	–
Höchstgeschwindigkeit km/h Maximal speed km/h	250
Marschgeschwindigkeit km/h Medium speed km/h	200
Landegeschwindigkeit km/h Landing speed km/h	105
Steiggeschwindigkeit min/m Climbs min/m	–
Reichweite km/Range km	–
Gipfelhöhe m/Ceiling m	6.000
Bewaffnung/Armament	2 MG
Ausrüstung/Equipment	–

Arado AR 64

CASPAR CI 14/CS 14

Konstruktion: E. von Loessel. Unverspannter Doppeldecker in Holzbauweise. Nur Stahlrohrverstrebung. Flächen, Rumpf und Leitwerk sperrholzbeplankt. Serienbau sollte in der in Dänemark zu gründenden "Dansk Aeroindustri A/S" erfolgen. Die Gründung erfolgte zwar, wurde aber am 18. März 1927 gelöscht. So blieb es beim Bau von nur zwei Versuchsflugzeugen. CI 14 hatte I-Streben und einen luftgekühlten Sternmotor, CS 14 N-Streben und einen wassergekühlen Reihenmotor.

Design: E. von Loessl. Unbraced biplane of all-wood construction. Only steeltube struts. Wing, fuselage and tailplane plywood covered. Serial production was to be carried on in the "Dansk Aeroindustri A/S", founded in Danmark. This firm was founded, but liquidated on 18th March 1927, so only two experimental aircraft were built. CI 14 was fitted with I-struts and air-cooled radial motor, whilst CS 14 had N-struts and water-cooled in-line engine.

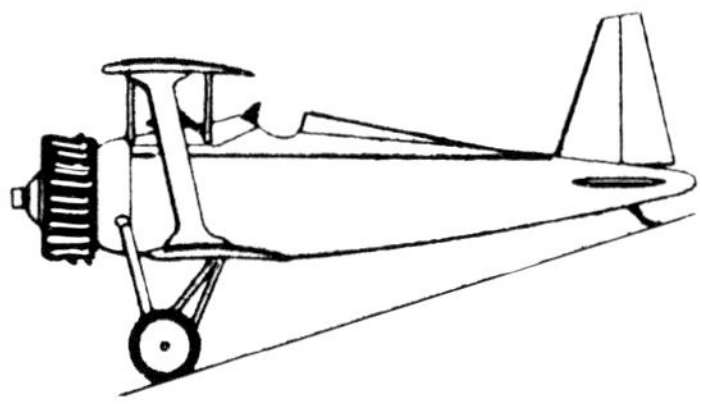

Flugzeugtyp	Caspar Ci/CS 14
Baujahr/Built in	1924
Zweck/Purpose	Jäger/Fighter
Besatzung/Crew	1
Triebwerk/Powerplant	Napier "Lion"
Leistung PS/HP	450
Spannweite m/Span m	10,00
Länge m/Length m	6,58
Höhe m/Height m	–
Tragfläche qm Wing area qm	–
Leergewicht kg Empty weight kg	1.130
Fluggewicht kg Gross weight kg	1.780
Höchstgeschwindigkeit km/h Maximal speed km/h	240
Marschgeschwindigkeit km/h Medium speed km/h	–
Landegeschwindigkeit km/h Landing speed km/h	90
Steiggeschwindigkeit min/m Climbs min/m	–
Reichweite km/Range km	1.000
Gipfelhöhe m/Ceiling m	4.200
Bewaffnung/Armament	2 MG 08/15
Ausrüstung/Equipment	–

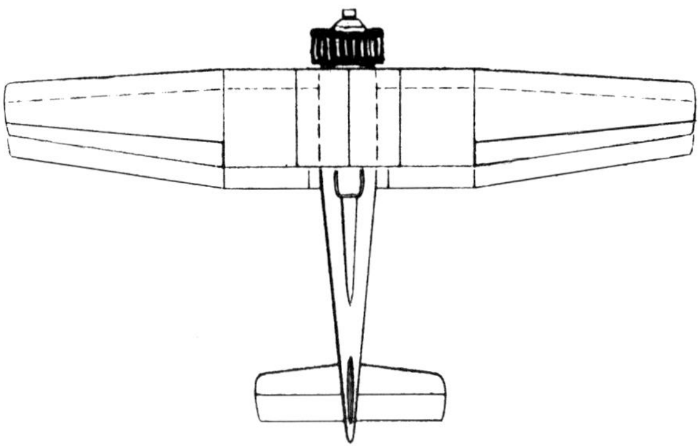

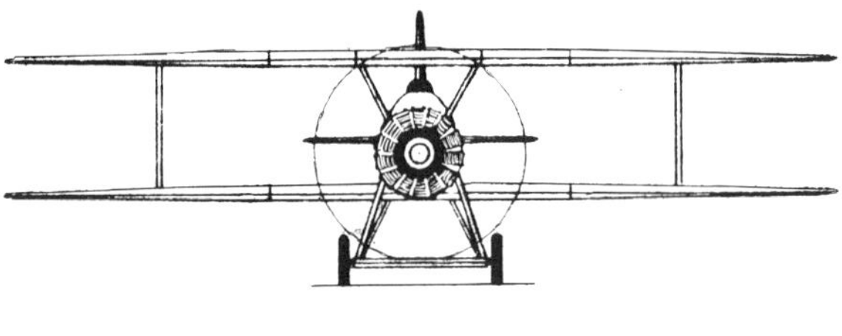

Caspar CI 14

DORNIER Do H "Falke"

Es wurden nur zwei Exemplare gebaut, eins davon für die US-Navy. Die Maschine wurde dort als "Wright-Pursuit WP-1" bezeichnet und unter der Nummer A 6748 registriert. Die Leistungsfähigkeit der WP-1 überraschte. Die zweite Maschine kam in die Schweiz. Eine dritte wurde für Japan mit Schwimmern gebaut und an die Firma Kawasaki geliefert.
Freitragender Hochdecker in Ganzmetallbauweise mit festem Fahrwerk bzw. Schwimmern.

Only two aircraft of this type were built, one of them for the US-Navy. This aircraft was designated as "Wright-Pursuit WP-1" and registered as A 6748. The Americans were surprised by the excellent performance of the plane. A second one went to Switzerland. A third one was built for Kawasaki in Japan and equipped with floats. Cantilever high-wing monoplane of all-metal construction with fixed undercarriage or floats.

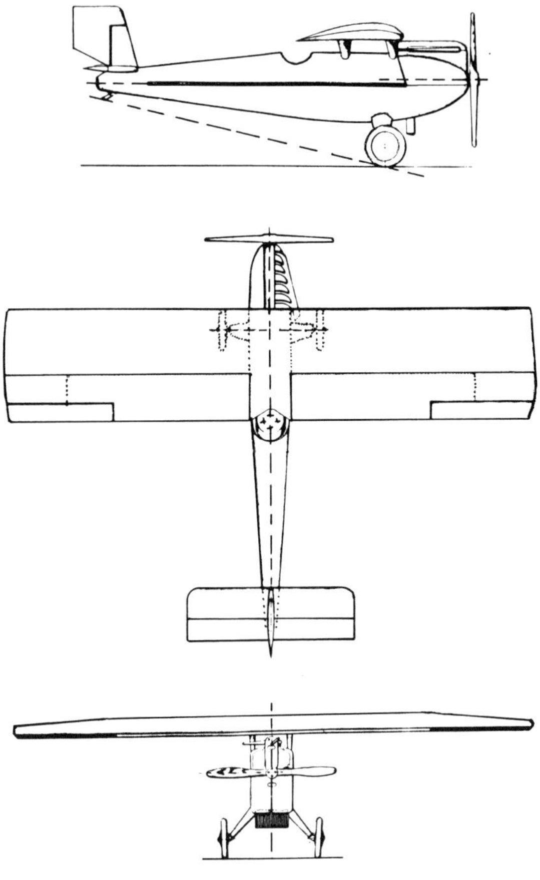

Flugzeugtyp	Dornier Do H Falke
Baujahr/Built in	1922/23
Zweck/Purpose	Jäger/Fighter
Besatzung/Crew	1
Triebwerk/Powerplant	Hispano-Suiza
Leistung PS/HP	300
Spannweite m/Span m	10,00
Länge m/Length m	7,43
Höhe m/Height m	2,66
Tragfläche qm Wing area qm	20,00
Leergewicht kg Empty weight kg	890
Fluggewicht kg Gross weight kg	1.200
Höchstgeschwindigkeit km/h Maximal speed km/h	250
Marschgeschwindigkeit km/h Medium speed km/h	220
Landegeschwindigkeit km/h Landing speed km/h	88
Steiggeschwindigkeit min/m Climbs min/m	23/5.000
Reichweite km/Range km	–
Gipfelhöhe m/Ceiling m	6.000
Bewaffnung/Armament	2 MG
Ausrüstung/Equipment	–

Dornier "Falke"

Dornier "See-Falke"

DORNIER Do 10 (Do C 1)

Einmotoriger Jagdzweisitzer für Nachtjagd und Aufklärung. Abgestrebter Hochdecker mit verkleidetem Fahrwerk in Ganzmetallbauweise. Zwei Stück W.Nr. 226 und 227 gebaut und als D-1592 und D-1898 zugelassen. Kein Serienbau, da für Jagdflugzeug zu langsam.

Single-engined two-seater fighter for night fighting and reconnaissance. High-wing monoplane with two pairs of struts, fixed covered undercarriage. All-metal construction. Two planes W.Nr. 226 and 227 built and registrated as D-1592 and D-1898. No serial production, as too slow as fighter.

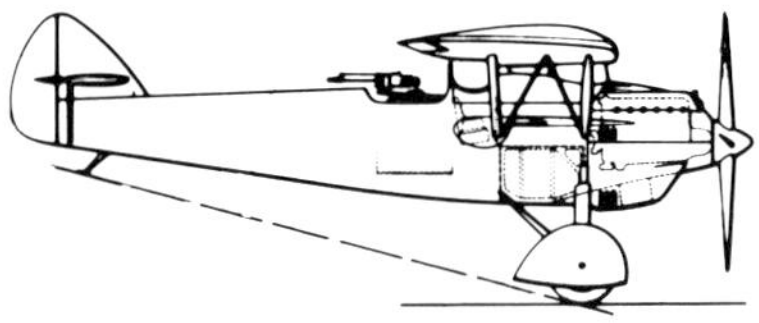

Flugzeugtyp	Dornier Do 10
Baujahr/Built in	1931
Zweck/Purpose	Nachtjäger/Nightfighter
Besatzung/Crew	2
Triebwerk/Powerplant	BMW VI 7,6Z
Leistung PS/HP	710
Spannweite m/Span m	15,00
Länge m/Length m	10,50
Höhe m/Height m	4,30
Tragfläche qm	
Wing area qm	33,00
Leergewicht kg	
Empty weight kg	2.200
Fluggewicht kg	
Gross weight kg	2.540–2.640
Höchstgeschwindigkeit km/h	
Maximal speed km/h	288–290
Marschgeschwindigkeit km/h	
Medium speed km/h	240
Landegeschwindigkeit km/h	
Landing speed km/h	100
Steiggeschwindigkeit min/m	
Climbs min/m	12,8/5.000
Reichweite km/Range km	550–750
Gipfelhöhe m/Ceiling m	7.500
Bewaffnung/Armament	2–3 MG 08/15
Ausrüstung/Equipment	

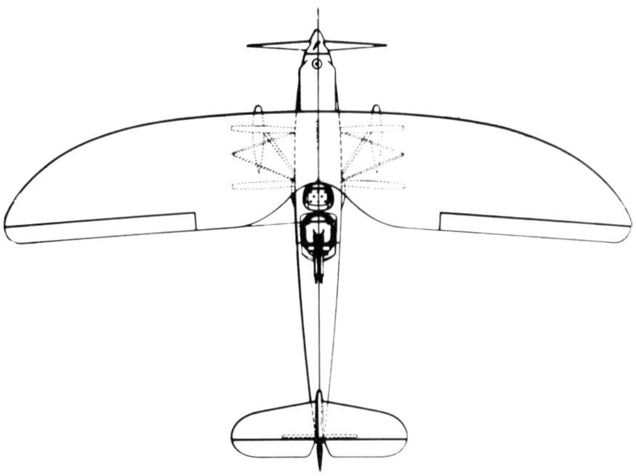

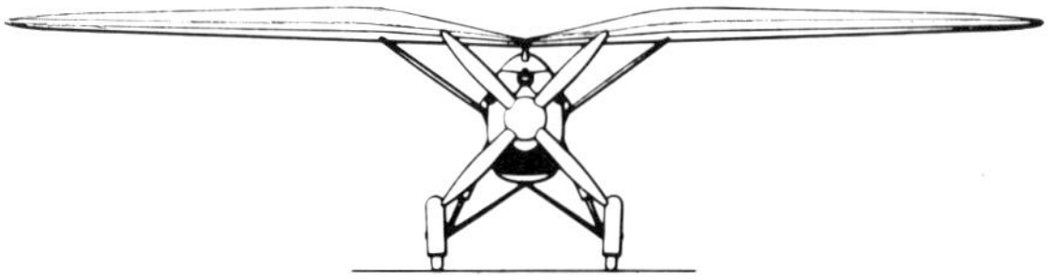

Dornier Do 10 D-1592

FOKKER D XIII

In Holland für die deutsche Jagdgruppe in Lipezk gebaut und auf Umwegen in die Sowjetunion geliefert, die den gleichen Typ, aber mit anderem Motor bestellte. Es war ein Anderthalbdecker, dessen Tragflächen in Holzbauweise mit Sperrholzbeplankung durch V-Stiele verbunden waren. Der Rumpf geschweißte Stahlrohrkonstruktion hinter dem Motor stoffbespannt. Von 50 nach Lipezk gelieferten Maschinen waren 1929 noch 43 vorhanden. Nach der Auflösung der Basis Lipezk wurden die restlichen D XIII der UdSSR überlassen.

This fighter was built in the Netherlands for the German fighter group in Lipezk and delivered to the USSR indirectly, which ordered the same type, but with another engine. It was a sesquiplane, wings in all-wood construction with V-interplane-struts. Fuselage welded steel tubes with fabric cover behind engine. Of the fifty D XIII's delivered to Lipezk in 1929 43 were still in action. After disbandment of the Lipezk-base the last D XIII's were left to the USSR.

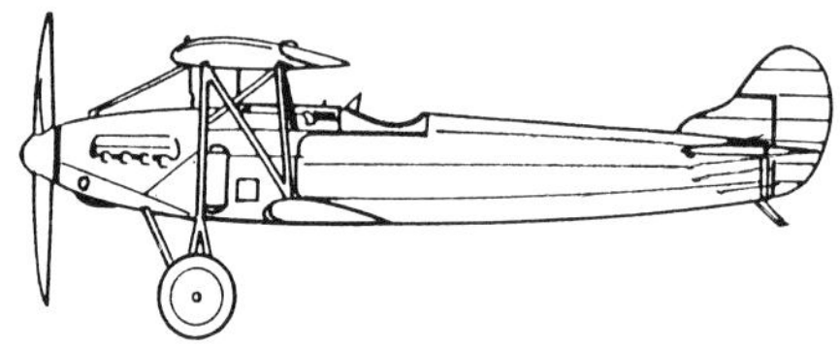

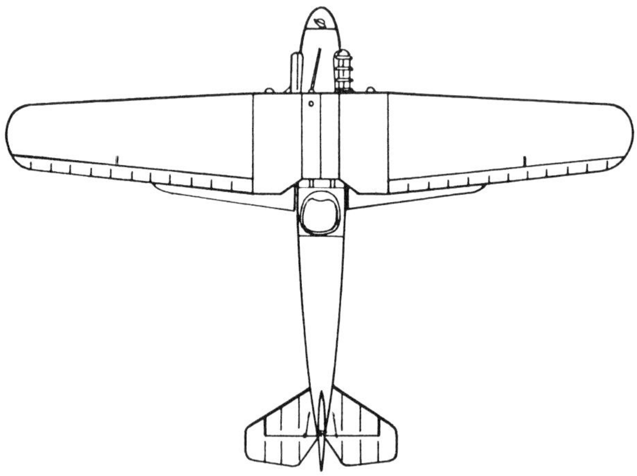

Flugzeugtyp	Fokker D XIII
Baujahr/Built in	1923
Zweck/Purpose	Jäger/Fighter
Besatzung/Crew	1
Triebwerk/Powerplant	Napier "Lion"
Leistung PS/HP	450
Spannweite m/Span m	11,53
Länge m/Length m	7,30
Höhe m/Height m	2,90
Tragfläche qm Wing area qm	21,80
Leergewicht kg Empty weight kg	1.120
Fluggewicht kg Gross weight kg	1.550
Höchstgeschwindigkeit km/h Maximal speed km/h	265
Marschgeschwindigkeit km/h Medium speed km/h	225
Landegeschwindigkeit km/h Landing speed km/h	100
Steiggeschwindigkeit min/m Climbs min/m	12/8.000
Reichweite km/Range km	600
Gipfelhöhe m/Ceiling m	8.000
Bewaffnung/Armament	2 MG 08/15
Ausrüstung/Equipment	FT-Anlage

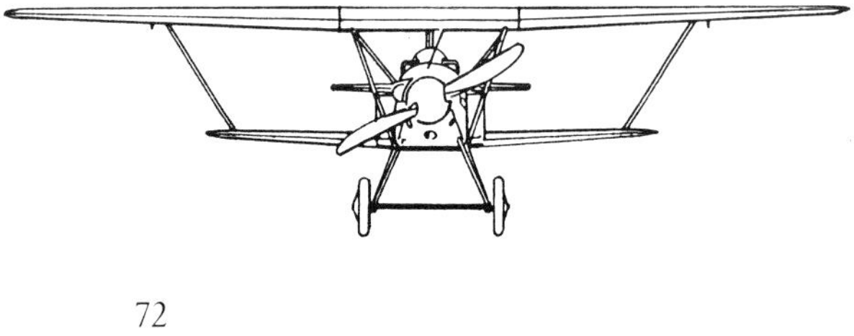

Fokker D XIII Lipezk

Fokker D XIII

Fokker D XIII, Winter in Lipezk.

HEINKEL HD 23

Konstruktion: Schwärzler. Katapultfähiger Bordstarteinsitzer, von Japan bestellt. Musterflugzeug W.Nr. 257, Serienbau bei Aichi in Japan. Verspannter Doppeldecker in Gemischtbauweise. Rumpf schwimmfähig, Fahrwerk abwerfbar.

Design: Schwärzler. Shipboard fighter, able to be catapulted. Ordered by Japanese Navy. Prototyps W.Nr. 257, serial production by Aichi in Japan. Wire-braced biplane in mixed construction. Fuselage capable of floating jettisonable undercarriage.

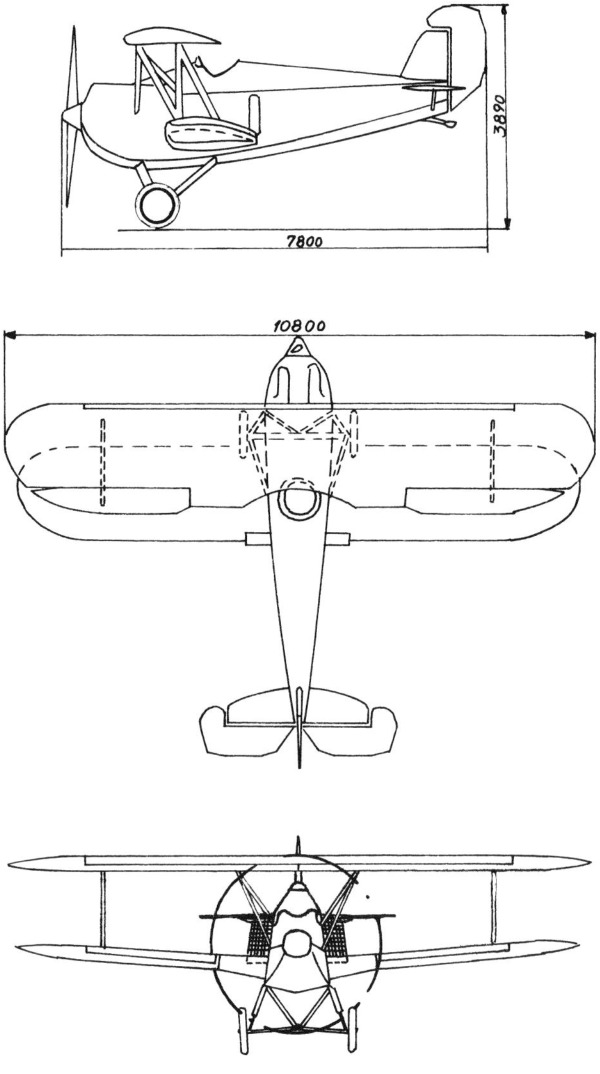

Flugzeugtyp	Heinkel HD 23
Baujahr/Built in	1926
Zweck/Purpose	Bord-Jäger/ Shipboardfighter
Besatzung/Crew	1
Triebwerk/Powerplant	BMW VI
Leistung PS/HP	500/660
Spannweite m/Span m	10,80
Länge m/Length m	7,55
Höhe m/Height m	–
Tragfläche qm Wing area qm	36,00
Leergewicht kg Empty weight kg	1.470
Fluggewicht kg Gross weight kg	2.070
Höchstgeschwindigkeit km/h Maximal speed km/h	249
Marschgeschwindigkeit km/h Medium speed km/h	210
Landegeschwindigkeit km/h Landing speed km/h	88
Steiggeschwindigkeit min/m Climbs min/m	5,8/3.000
Reichweite km/Range km	–
Gipfelhöhe m/Ceiling m	7.900
Bewaffnung/Armament	–
Ausrüstung/Equipment	–

Heinkel HD 23

HEINKEL HD 37

Versuchsjagdeinsitzer: Nur ein bis zwei Flugzeuge gebaut. Verspannter Doppeldecker, Flächen gestaffelt. Gemischtbauweise: Holz und Stoffverspannung. Ging zur Erprobung nach Lipezk. Kleine Änderungen für russische Zwecke, dann als HD 37c in die UdSSR. Dort Serienbau als I-7 (I = Istrebitelj = Jagdeinsitzer).

Experimental fighter. Only one or two built. Wire-braced biplane with staggered wings. Mixed construction: Wood with fabric cover. Was sent to Lipezk for detailed tests. On Russian request slightly modified. As HD 37c delivered to USSR. There serial production as I-7 (I = Istrebitelj = single-seat fighter).

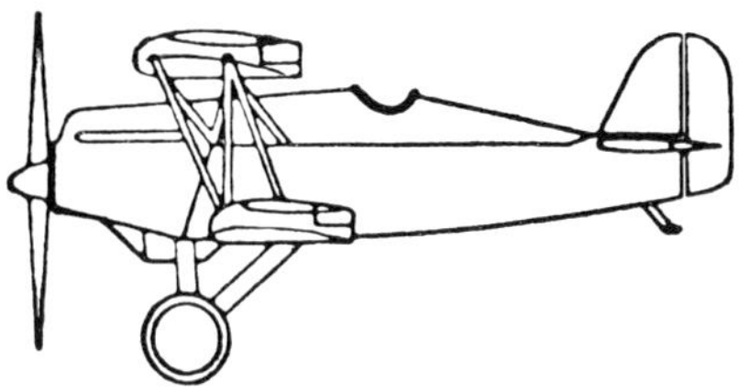

Flugzeugtyp	Heinkel HD 37
Baujahr/Built in	1928
Zweck/Purpose	Jäger/Fighter
Besatzung/Crew	1
Triebwerk/Powerplant	BMW VI 7, 3Z
Leistung PS/HP	750
Spannweite m/Span m	10,00
Länge m/Length m	7,00
Höhe m/Height m	–
Tragfläche qm	
Wing area qm	26,71
Leergewicht kg	
Empty weight kg	1.267
Fluggewicht kg	
Gross weight kg	1.685
Höchstgeschwindigkeit km/h	
Maximal speed km/h	312
Marschgeschwindigkeit km/h	
Medium speed km/h	290
Landegeschwindigkeit km/h	
Landing speed km/h	96
Steiggeschwindigkeit min/m	
Climbs min/m	10,5/6.000
Reichweite km/Range km	–
Gipfelhöhe m/Ceiling m	9.400
Bewaffnung/Armament	2 MG 08/15
Ausrüstung/Equipment	–

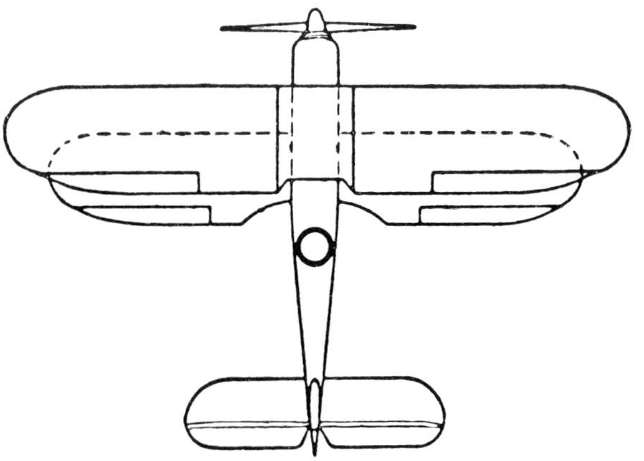

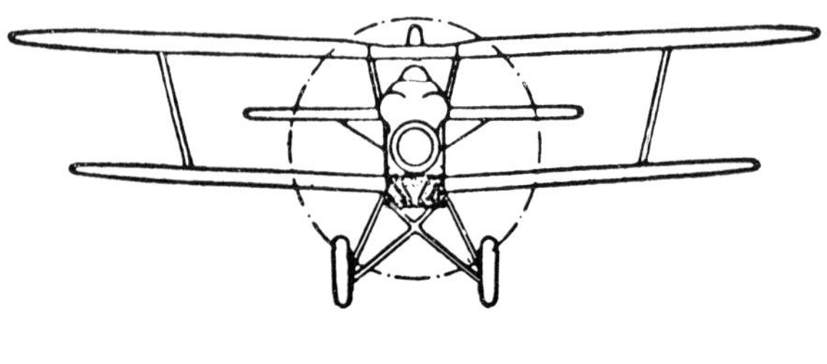

Heinkel HD 37 (USSR I-7).

Heinkel HD 37

Heinkel HD 37

HEINKEL HD 38

Trotz der Ähnlichkeit mit der HD 37 ist HD 38 eine Neukonstruktion. Ein Jagdeinsitzer mit Fahrwerk, Austauschbarkeit mit Schwimmern und Katapultfähigkeit wurde verlangt. Um das durch die für diese Zwecke strukturellen Verstärkungen erhöhte Gewicht auszugleichen, wurde der Flächeninhalt durch gleich große Ober- und Unterflügel vergrößert. Insgesamt sind zwölf HD 38 in verschiedenen Ausführungen gebaut worden. Musterflugzeug war W.Nr. 320, D-1609.

In spite of the similarity to the HD 37, the HD 38 was a new design. A single-seat fighter with undercarrigae was ordered, whose wheels could be changed to floats and it should be capable of being catapulted. To counter-balance the increased weight caused by structural strengthening, the upper and lower wings got the same wing-area. Twelve HD 38 were built in different versions. Prototype was the HD 38 W.Nr. 320, D-1609.

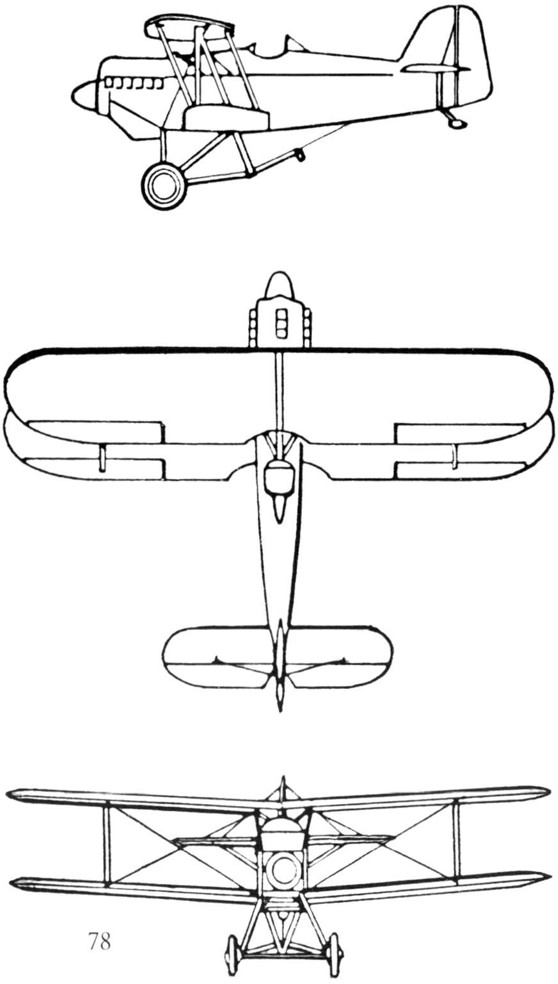

Flugzeugtyp	Heinkel HD 38 L/W
Baujahr/Built in	1929/30
Zweck/Purpose	Katapult-Jäger/ Catapult-fighter
Besatzung/Crew	1
Triebwerk/Powerplant	BMW VI 7,3Z
Leistung PS/HP	750
Spannweite m/Span m	10,00
Länge m/Length m	8,80
Höhe m/Height m	–
Tragfläche qm Wing area qm	30,15
Leergewicht kg Empty weight kg	1.445 – 1.585
Fluggewicht kg Gross weight kg	1.870 – 2.000
Höchstgeschwindigkeit km/h Maximal speed km/h	200 – 290
Marschgeschwindigkeit km/h Medium speed km/h	–
Landegeschwindigkeit km/h Landing speed km/h	95
Steiggeschwindigkeit min/m Climbs min/m	1,4–1,8/1.000
Reichweite km/Range km	–
Gipfelhöhe m/Ceiling m	6.650 – 7.500
Bewaffnung/Armament	2 MG
Ausrüstung/Equipment	–

Heinkel HD 38b

Heinkel HD 38d

Heinkel HD 38 bW

HEINKEL HD 43

Von diesem Versuchsjagdeinsitzer wurden nur vier Exemplare, W.Nr. 326 und 327 als HD 43a und W.Nr. 344 und 345 als HD 43b gebaut. Zwischen beiden Versionen bestanden nur geringe strukturelle Unterschiede.

Only four models of this successor of the HD 38 were built: W.Nr. 326 and 327 as HD 43a and W.Nr. 344 and 345 as HD 43b. There were only a few structural differences between both versions.

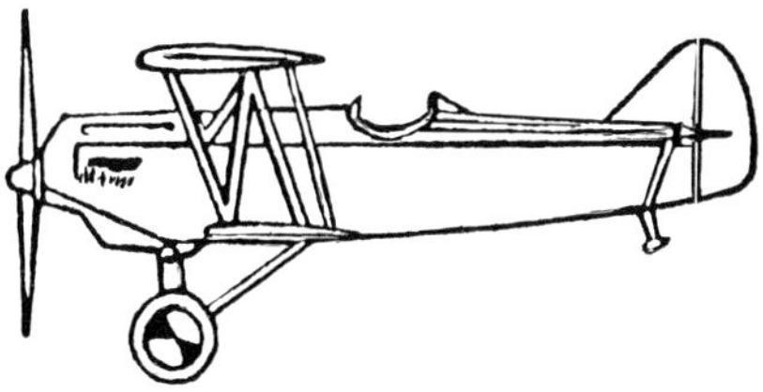

Flugzeugtyp	Heinkel HD 43
Baujahr/Built in	1931
Zweck/Purpose	Jäger/Fighter
Besatzung/Crew	1
Triebwerk/Powerplant	BMW VI
Leistung PS/HP	500/750
Spannweite m/Span m	10,00
Länge m/Length m	7,10
Höhe m/Height m	3,30
Tragfläche qm Wing area qm	26,56
Leergewicht kg Empty weight kg	1.220
Fluggewicht kg Gross weight kg	1.640
Höchstgeschwindigkeit km/h Maximal speed km/h	322
Marschgeschwindigkeit km/h Medium speed km/h	290
Landegeschwindigkeit km/h Landing speed km/h	95
Steiggeschwindigkeit min/m Climbs min/m	9,4/5.000
Reichweite km/Range km	–
Gipfelhöhe m/Ceiling m	8.000
Bewaffnung/Armament	2 MG
Ausrüstung/Equipment	–

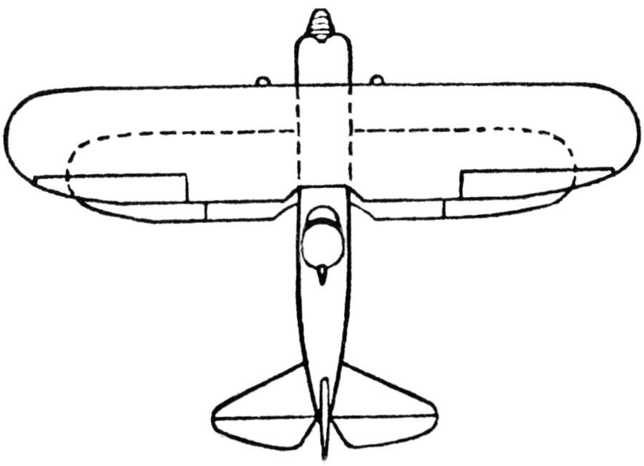

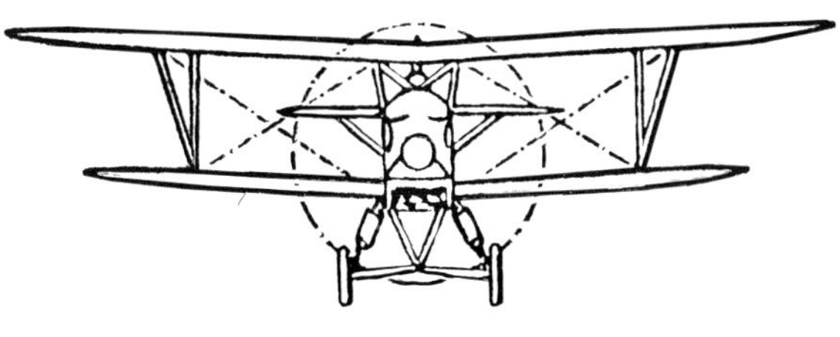

Heinkel HD 43

JUNKERS A 48/K 47

Konstruktion: Karl Plauth. Halbfreitragender Tiefdecker mit einfachem und doppeltem Leitwerk. Jagdzweisitzer, mit dem auch die ersten Sturzbomberversuche durchgeführt wurden. Musterflugzeug A 48 ba, D-2284. K 47 war die Bezeichnung für die fertig ausgerüsteten Maschinen, die von der AB Flyindustri in Schweden geliefert wurden. Es wurden noch die W.Nr. 3355, 3363, 3365 gebaut. Von der Reichswehr wurden nur W.Nr. 3363, D-1057 und W.Nr. 3365, D-2012 angekauft und in Lipezk erprobt.

Semi-cantiler low-wing monoplane with single and double tail. Two-seat fighter, with which also first dive-bombing experiments were carried out. Prototype was A 49 ba, D-2284. K 47 was the designation for the fully equipped aircraft, which was delivered by AB Flyindustri in Sweden. W.Nr. 3355, 3363 and 3365 were still built, but only W.Nr. 3363 D-1057 and W.Nr. 3365, D-2012 were accepted by the Reichswehr and tested in Lipezk.

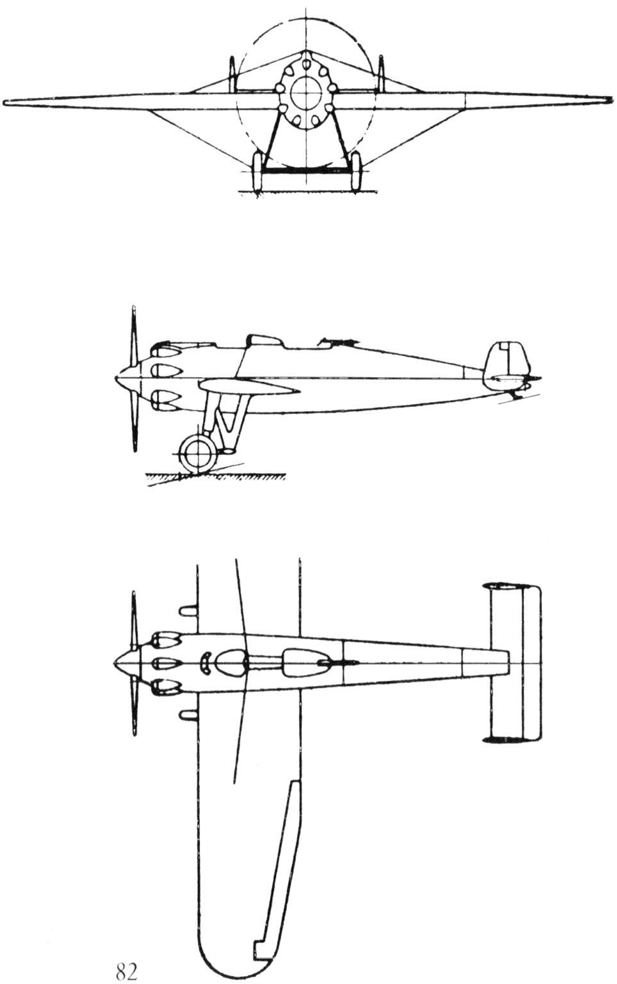

Flugzeugtyp	Junkers K 47
Baujahr/Built in	1928
Zweck/Purpose	Jagdzweisitzer/ 2-seat-fighter
Besatzung/Crew	2
Triebwerk/Powerplant	BMW Hornet
Leistung PS/HP	500
Spannweite m/Span m	12,40
Länge m/Length m	8,55
Höhe m/Height m	2,80
Tragfläche qm Wing area qm	22,80
Leergewicht kg Empty weight kg	1.090
Fluggewicht kg Gross weight kg	1.650
Höchstgeschwindigkeit km/h Maximal speed km/h	265
Marschgeschwindigkeit km/h Medium speed km/h	220
Landegeschwindigkeit km/h Landing speed km/h	105
Steiggeschwindigkeit min/m Climbs min/m	–
Reichweite km/Range km	440
Gipfelhöhe m/Ceiling m	7.500
Bewaffnung/Armament	3 MG
Ausrüstung/Equipment	FT-Anlage

Junkers A 48 ba

Junkers A 48 dy W.Nr. 3365 D-2012

Junkers K 47 TE+HR

ROHRBACH RO IX "ROFIX"

Rohrbach hatte bereits 1924 für die Firma Mitsubishi in Japan einen Jagdeinsitzer "MiRo" entworfen, der aber nicht akzeptiert wurde. 1926 griff man auf diesen Entwurf zurück, und so entstand der Jagdeinsitzer Ro IX "Rofix", der offiziell für die Türkei gebaut wurde. Ernst Udet und Paul Bäumer flogen die Maschine in Dänemark, wo Ro IX gebaut worden war. Bei der Erprobung stürzte Bäumer mit der Maschine tödlich ab. Damit war das Schicksal der Ro IX besiegelt.

This fighter aircraft was designed already 1924 for Mitsubishi in Japan under the designation "MiRo", but was not accepted. 1926 it was redesigned as Ro IX "Rofix" and officially built for Turkey. It was flown by Ernst Udet and Paul Bäumer in Danmark, where it had been constructed. During the tests Bäumer crashed with the aircraft and was killed during this accident. So the development of Ro IX was finished.

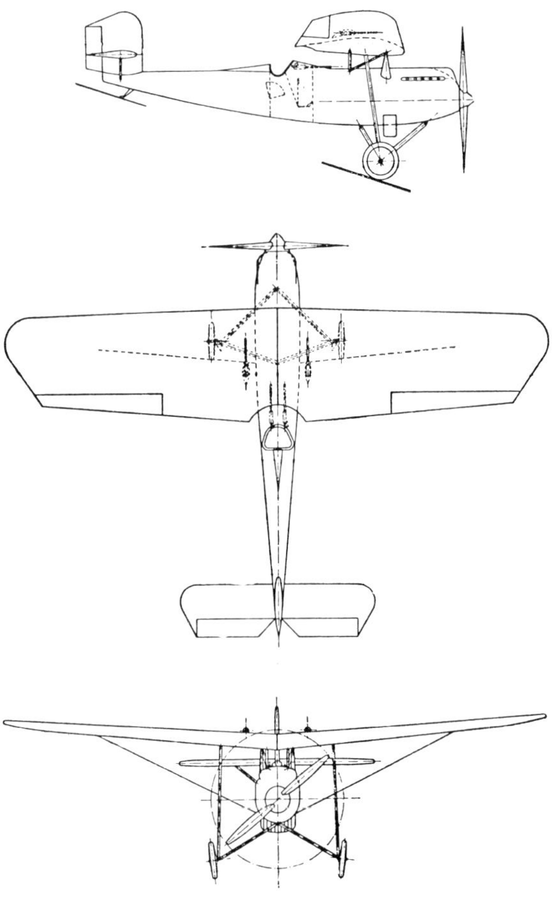

Flugzeugtyp	Rohrbach Ro IX
Baujahr/Built in	1926
Zweck/Purpose	Versuchsjäger/ Experimantal fighter
Besatzung/Crew	1
Triebwerk/Powerplant	BMW VI 5,5
Leistung PS/HP	550/750
Spannweite m/Span m	14,00
Länge m/Length m	9,50
Höhe m/Height m	3,70
Tragfläche qm Wing area qm	20,0
Leergewicht kg Empty weight kg	1.320
Fluggewicht kg Gross weight kg	1.950
Höchstgeschwindigkeit km/h Maximal speed km/h	260
Marschgeschwindigkeit km/h Medium speed km/h	–
Landegeschwindigkeit km/h Landing speed km/h	100
Steiggeschwindigkeit min/m Climbs min/m	7/3.000
Reichweite km/Range km	–
Gipfelhöhe m/Ceiling m	8.000
Bewaffnung/Armament	– (2 MG)
Ausrüstung/Equipment	–

Rohrbach Ro IX "Rofix", Kopenhagen-Kastrup, 1926.

Rohrbach Ro IX "Rofix", 1927 für Türkei.

ARADO Ar 65

Erstausstattung der Jagdverbände der Luftwaffe. Verspannter, einstieliger Doppeldecker, Rumpf aus geschweißtem Stahlrohr, stoffbespannt. Holztragflächen stoffbespannt. Leitwerk Stahlrohr, stoffbespannt. Fahrwerk mit geteilter Achse und bremsbaren Rädern.

First machine of the fighter units of the Luftwaffe. Wire-braced biplane. Fuselage welded steel-tube construction, fabric covered. Wooden wings, also fabric covered. Tailplane steel-tubes fabric covered. Undercarriage with two-part-ayle and brakes for the wheels.

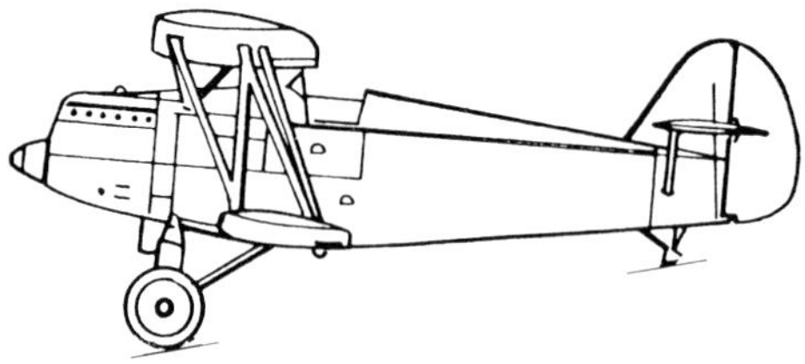

Flugzeugtyp	Arado Ar 65
Baujahr/Built in	1931
Zweck/Purpose	Jäger/Fighter
Besatzung/Crew	1
Triebwerk/Powerplant	BMW VI 7, 3Z
Leistung PS/HP	750
Spannweite m/Span m	11,20
Länge m/Length m	8,37
Höhe m/Height m	3,40
Tragfläche qm Wing area qm	30,00
Leergewicht kg Empty weight kg	1.490
Fluggewicht kg Gross weight kg	1.929
Höchstgeschwindigkeit km/h Maximal speed km/h	282
Marschgeschwindigkeit km/h Medium speed km/h	242
Landegeschwindigkeit km/h Landing speed km/h	100
Steiggeschwindigkeit min/m Climbs min/m	8,4/4.000
Reichweite km/Range km	420
Gipfelhöhe m/Ceiling m	7.350
Bewaffnung/Armament	2 MG 08/15
Ausrüstung/Equipment	–

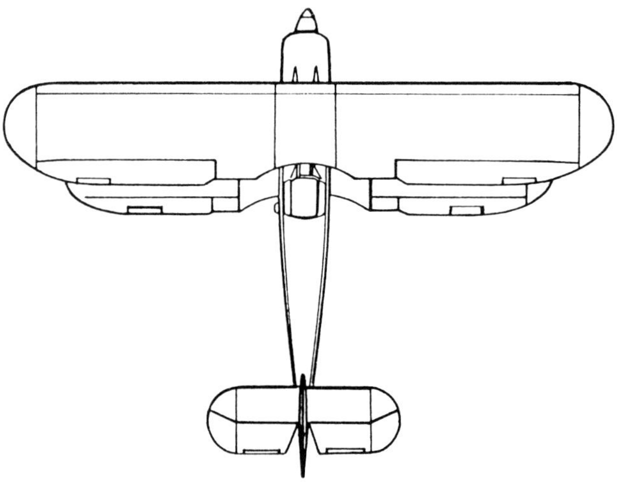

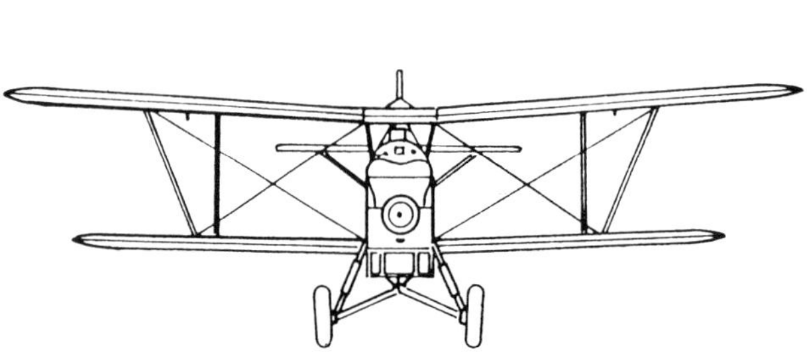

Arado Ar 65 D-IPOF

Arado Ar 65, JG 132.

Arado Ar 65, JG 26.

ARADO Ar 67

Erster Entwurf von Walter Blume bei Arado. Verspannter Doppeldecker in Gemischtbauweise wie Ar 65, aber auf Rumpfende aufgesetztes Seitenleitwerk und verkleidetes Fahrwerk. Nur ein Exemplar mit englischem Triebwerk Rolls-Royce Kestrel IV. Ausgangstyp für Ar 68.

First design by Walter Blume for Arado. Wire-braced biplane of mixed construction similar to Ar 65, but tailplane on upper side of fuselage and aerodynamically covered undercarriage. Only one aircraft with British Rolls-Royce Kestrel IV engine. Forerunner of Ar 68.

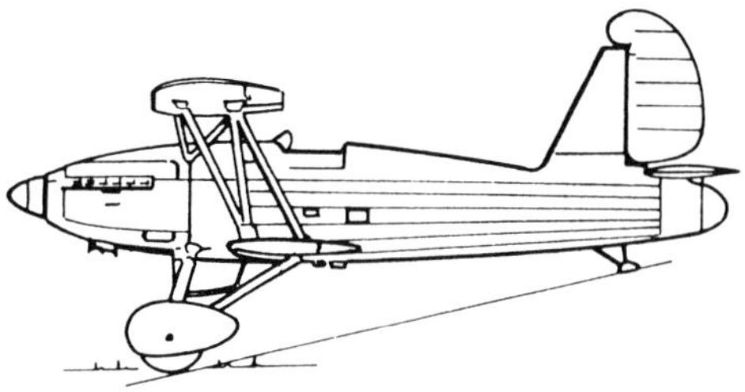

Flugzeugtyp	Arado Ar 67
Baujahr/Built in	1933
Zweck/Purpose	Versuchsjäger/ Experimental fighter
Besatzung/Crew	1
Triebwerk/Powerplant	Rolls-Royce "Kestrel IV"
Leistung PS/HP	640
Spannweite m/Span m	9,88
Länge m/Length m	7,90
Höhe m/Height m	3,10
Tragfläche qm Wing area qm	25,10
Leergewicht kg Empty weight kg	1.270
Fluggewicht kg Gross weight kg	1.660
Höchstgeschwindigkeit km/h Maximal speed km/h	340
Marschgeschwindigkeit km/h Medium speed km/h	290
Landegeschwindigkeit km/h Landing speed km/h	105
Steiggeschwindigkeit min/m Climbs min/m	11,2
Reichweite km/Range km	–
Gipfelhöhe m/Ceiling m	9.300
Bewaffnung/Armament	–
Ausrüstung/Equipment	–

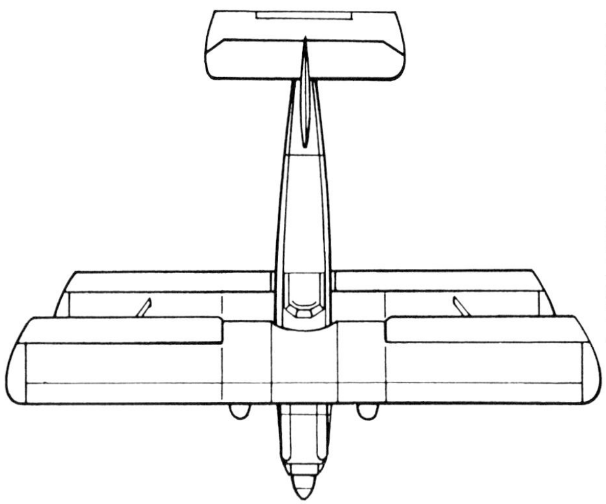

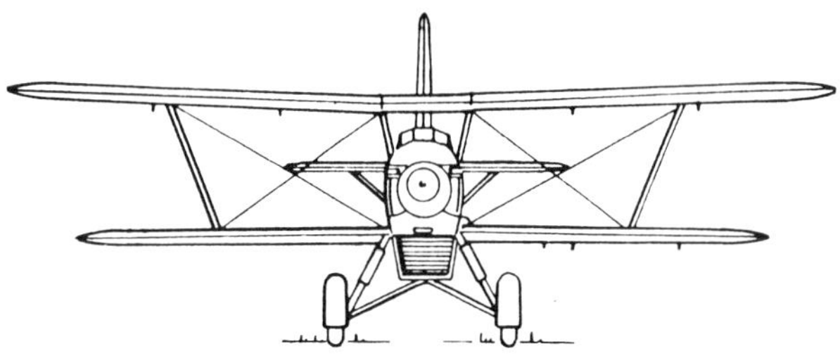

Arado Ar 67

ARADO Ar 68

Musterflugzeug Ar 68a mit BMW VI (D-IKIN), Ar 68b mit Jumo 210 A. Da beim Jumo 210 Lieferschwierigkeiten auftraten, wurde erste Serie Ar 68 F mit BMW VI geliefert. Ar 68 E mit Jumo 210 zuerst beim JG 26 "Schlageter". Ar 68 war der Heinkel He 51 überlegen. Bauweise ähnlich Ar 67. Es wurden einige Hundert gebaut, von denen bei Kriegsausbruch 1939 noch 28 im Frontdienst standen. Der Rest wanderte zu den Schulen.

Prototype Ar 68a with BMW VI (D-IKIN), second Ar 68 b with Jumo 210 A. As delivery of Jumo 210 was delayed, first series Ar 68 F with BMW VI. Ar 68 E series first delivered to JG 26 "Schlageter". Was superior to competing Heinkel He 51. Construction similar to Ar 67. Some hundred Ar 68 were built, 28 still in front-service August 1939, the rest at the fighter schools.

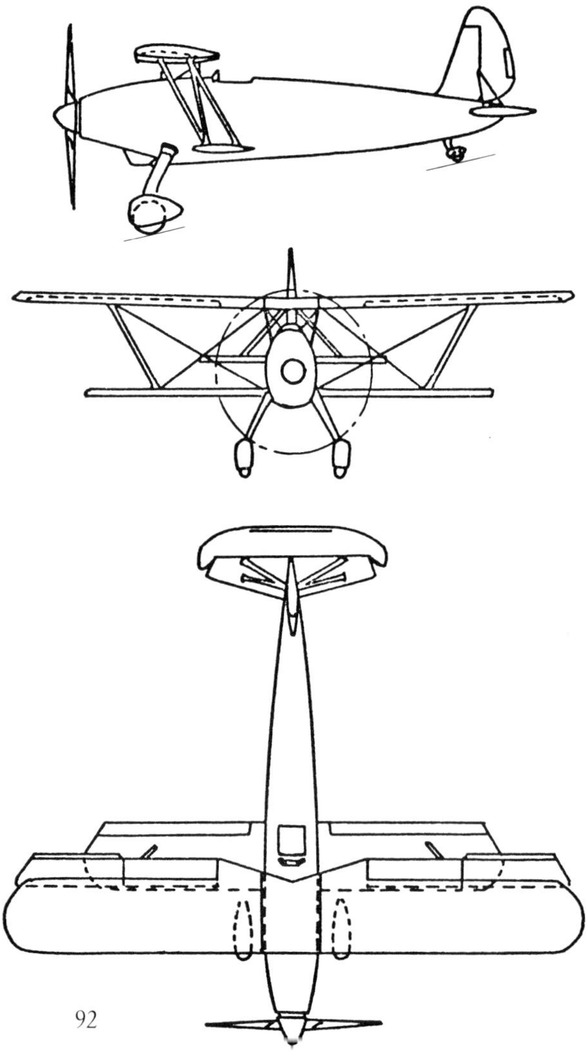

Flugzeugtyp	Arado Ar 68 F
Baujahr/Built in	1933/34
Zweck/Purpose	Jäger/Fighter
Besatzung/Crew	1
Triebwerk/Powerplant	BMW VI 7, 3Z
Leistung PS/HP	750
Spannweite m/Span m	11,00
Länge m/Length m	9,50
Höhe m/Height m	3,30
Tragfläche qm	
Wing area qm	27,30
Leergewicht kg	
Empty weight kg	1.600
Fluggewicht kg	
Gross weight kg	2.020
Höchstgeschwindigkeit km/h	
Maximal speed km/h	330
Marschgeschwindigkeit km/h	
Medium speed km/h	295
Landegeschwindigkeit km/h	
Landing speed km/h	110
Steiggeschwindigkeit min/m	
Climbs min/m	–
Reichweite km/Range km	500
Gipfelhöhe m/Ceiling m	7.400
Bewaffnung/Armament	2 MG 17
Ausrüstung/Equipment	FuG VII

Arado Ar 68 E

Arado Ar 68 E PF+HM

Arado Ar 68 F

ARADO Ar 76

Leichter Einsitzer für Heimatschutz, später Jagd-Trainer. Abgestrebter und verspannter Hochdecker in Gemischtbauweise wie Ar 65. Verkleidetes Fahrwerk. Trotz guter Flugeigenschaften nur kleine Serie.

Light single-seater for home defence, later fighter-trainer. High wing monoplane with wire-braced struts of mixed construction similar to Ar 65. Covered undercarriage. In spite of good flying qualities, only small production series.

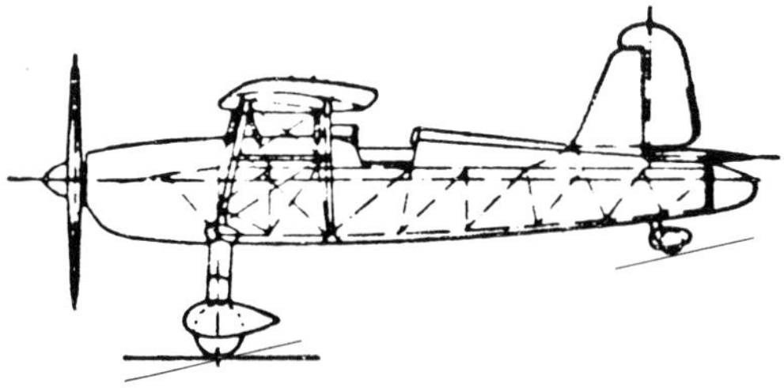

Flugzeugtyp	Arado Ar 76
Baujahr/Built in	1934
Zweck/Purpose	Übungsjäger/ Fighter-Trainer
Besatzung/Crew	1
Triebwerk/Powerplant	Argus As 10c
Leistung PS/HP	240
Spannweite m/Span m	9,50
Länge m/Length m	7,20
Höhe m/Height m	2,55
Tragfläche qm Wing area qm	13,34
Leergewicht kg Empty weight kg	750
Fluggewicht kg Gross weight kg	1.070
Höchstgeschwindigkeit km/h Maximal speed km/h	267
Marschgeschwindigkeit km/h Medium speed km/h	220
Landegeschwindigkeit km/h Landing speed km/h	100
Steiggeschwindigkeit min/m Climbs min/m	2,5/1.000
Reichweite km/Range km	470
Gipfelhöhe m/Ceiling m	6.400
Bewaffnung/Armament	1 MG 17
Ausrüstung/Equipment	FuG VII

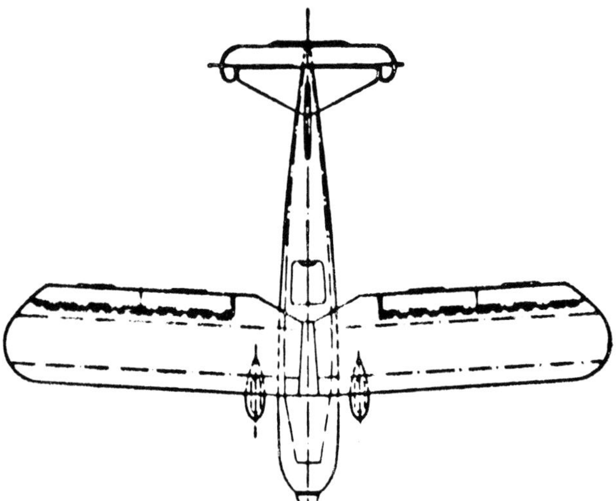

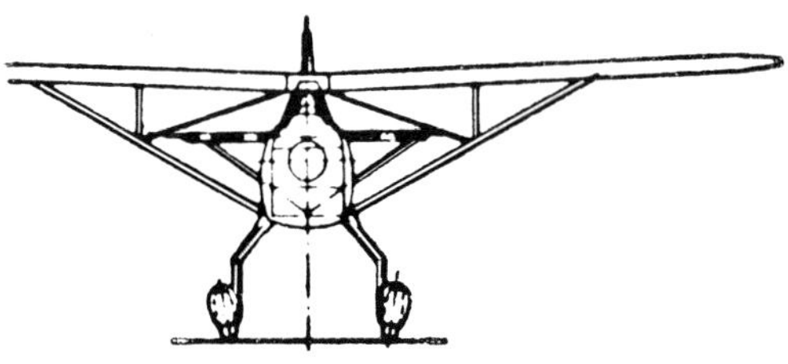

Arado Ar 76 V 1

Arado Ar 76 DB+UL

ARADO Ar 80

1935/36 Konkurrenzmuster für Messerschmitts Bf 109. Freitragender Tiefdecker mit Knickflügel mit feststehendem, verkleideten Fahrwerk. Ar 80 V 1 und V 2 mit Rolls-Royce Kestrel V, V 3 zweisitzig mit Jumo 210 diente zur Erprobung der Motorkanone MG/FFM. War gegenüber Bf 109 zu langsam.

1935/36 competing aircraft of Messerschmitt's Bf 109. Cantilever monoplane with fixed, covered landing gear. Wing centre section built integral with fuselage and set at abrupt anhedral angle. Ar 80 V 1 and V 2 with Rolls Royce Kestrel V, V 3 as two-seater with Jumo 210 served as test-bed for motorgun MG/FFM. Speed too slow against Bf 109.

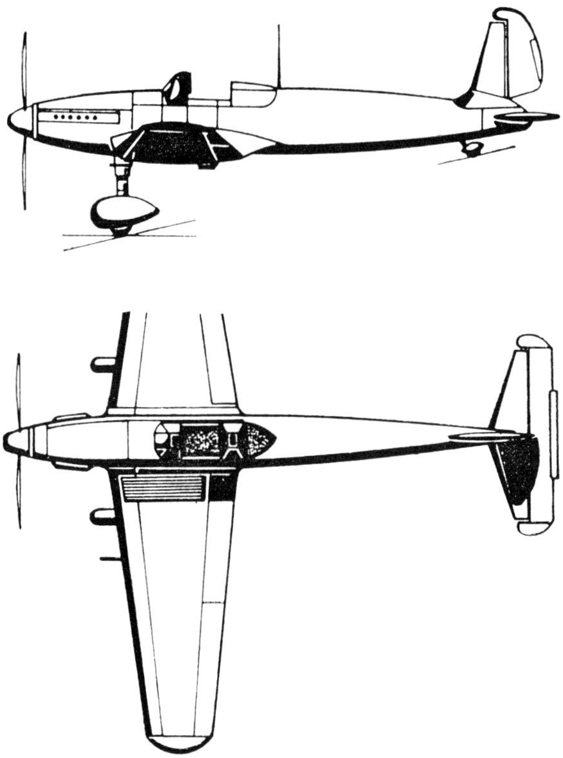

Flugzeugtyp	Arado Ar 80
Baujahr/Built in	1936
Zweck/Purpose	Jäger/Fighter
Besatzung/Crew	1
Triebwerk/Powerplant	Jumo 210 C
Leistung PS/HP	648
Spannweite m/Span m	11,80
Länge m/Length m	10,10
Höhe m/Height m	2,95
Tragfläche qm Wing area qm	21,00
Leergewicht kg Empty weight kg	1.645
Fluggewicht kg Gross weight kg	2.100
Höchstgeschwindigkeit km/h Maximal speed km/h	425
Marschgeschwindigkeit km/h Medium speed km/h	–
Landegeschwindigkeit km/h Landing speed km/h	96
Steiggeschwindigkeit min/m Climbs min/m	12,6
Reichweite km/Range km	795
Gipfelhöhe m/Ceiling m	10.000
Bewaffnung/Armament	1 MG/FFM + 2 MG 17
Ausrüstung/Equipment	FuG VII

Arado Ar 80 V 3 D-IPBN

Arado Ar 80 V2 D-ILOH

FOCKE-WULF Fw 56 "Stößer"

Konstruktion: Blaser. Einmotoriger Hochdecker, abgestrebter Tragflügel, festes, verkleidetes Einbein-Fahrwerk. Erstflug Anfang 1934. Ursprüngliche Fahrwerksverkleidung mußte vereinfacht werden. Serienbau ab 1935. Einsatz auf allen Jagdfliegerschulen.

Design: Blaser. Single-engined high-wing monoplane, wing supported by V-struts. Fixed, covered one-leg-landing-gear. Maiden flight at beginning of 1934. Cover of landing gear had to be simplified. Serial production from 1935. Service at all fighter schools.

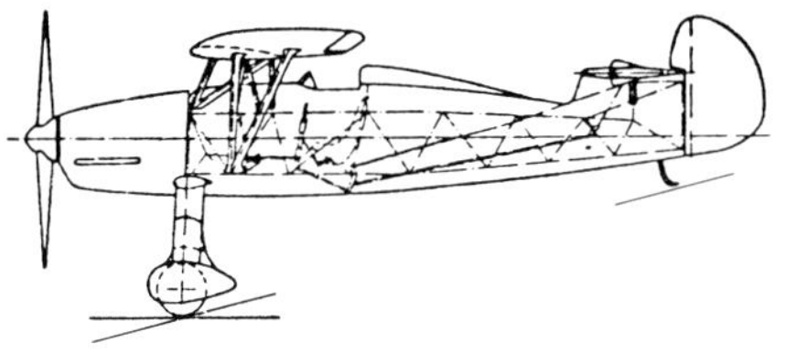

Flugzeugtyp	Focke-Wulf Fw 56
Baujahr/Built in	1933
Zweck/Purpose	Übungsjäger/ Fighter-Trainer
Besatzung/Crew	1
Triebwerk/Powerplant	Argus As 10c
Leistung PS/HP	240
Spannweite m/Span m	10,55
Länge m/Length m	7,60
Höhe m/Height m	2,55
Tragfläche qm Wing area qm	14,00
Leergewicht kg Empty weight kg	755
Fluggewicht kg Gross weight kg	985
Höchstgeschwindigkeit km/h Maximal speed km/h	278
Marschgeschwindigkeit km/h Medium speed km/h	255
Landegeschwindigkeit km/h Landing speed km/h	90
Steiggeschwindigkeit min/m Climbs min/m	2,2/1.000
Reichweite km/Range km	385
Gipfelhöhe m/Ceiling m	6.200
Bewaffnung/Armament	1 MG 17
Ausrüstung/Equipment	–

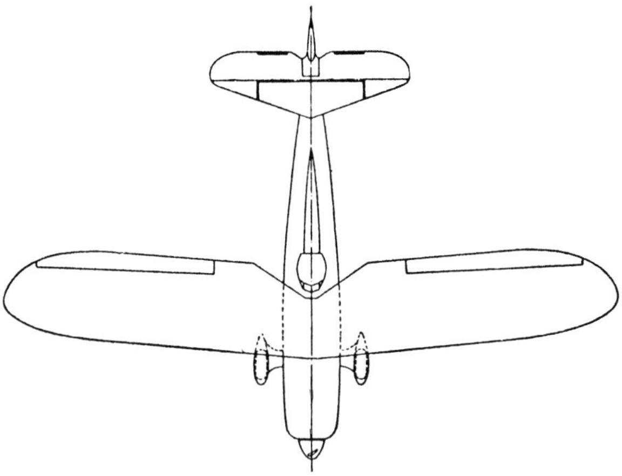

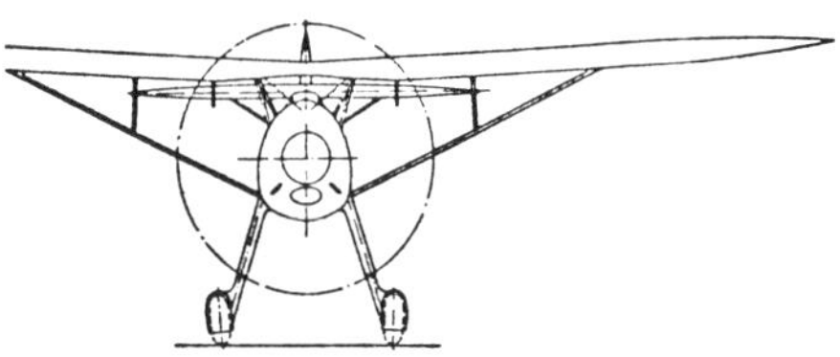

Focke-Wulf Fw 56 V 1 D-IIKA

Focke-Wulf Fw 56 A D-IAQA

Focke-Wulf Fw 56 D-IGIR des RLM.

FOCKE-WULF Fw 159

Konstruktion: Blaser. Einmotoriger Hochdecker, abgestrebter Tragflügel. Tragflügel, Rumpf und Leitwerksflossen Ganzmetall. Alle Ruder Aluminium mit Stoffbespannung. Fahrwerk in den Rumpf einziehbar. Nahm am Jagdflugzeugwettbewerb Oktober 1935 teil, wurde wegen des komplizierten Fahrwerks abgelehnt. Nur drei Versuchsmuster.

Design: Blaser. Single-engined high-wing monoplane, wing supported by I-struts. Wing, fuselage and fixed parts of tail-unit all-metal, all rudders aluminium with fabric cover. Landing-gear retractable into fuselage. Participated in the fighter tests in October 1935, but failed because of the complicated landing gear.

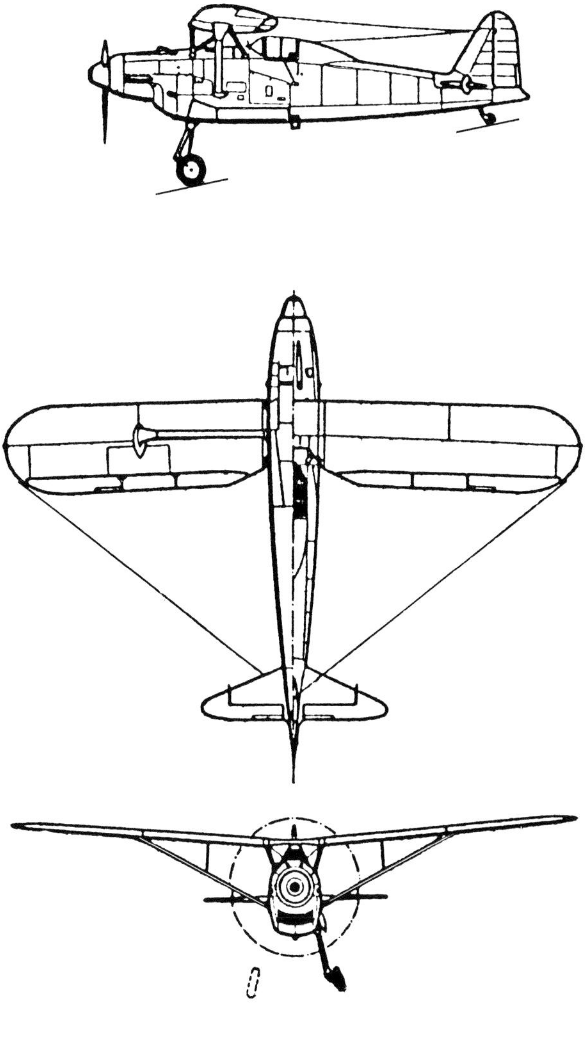

Flugzeugtyp	Focke-Wulf Fw 159
Baujahr/Built in	1935
Zweck/Purpose	Jäger/Fighter
Besatzung/Crew	1
Triebwerk/Powerplant	Jumo 210 G
Leistung PS/HP	670
Spannweite m/Span m	12,40
Länge m/Length m	10,00
Höhe m/Height m	3,75
Tragfläche qm Wing area qm	20,20
Leergewicht kg Empty weight kg	1.875
Fluggewicht kg Gross weight kg	2.250
Höchstgeschwindigkeit km/h Maximal speed km/h	385
Marschgeschwindigkeit km/h Medium speed km/h	365
Landegeschwindigkeit km/h Landing speed km/h	110
Steiggeschwindigkeit min/m Climbs min/m	12,5/6.000
Reichweite km/Range km	650
Gipfelhöhe m/Ceiling m	7.200
Bewaffnung/Armament	2 MG 17
Ausrüstung/Equipment	FuG X

Focke-Wulf Fw 159 V 3 D-IUPY

Focke-Wulf Fw 159 V 2 D-INGA

HEINKEL He 51

Dieser Jagdeinsitzer ist eine aerodynamisch verfeinerte Weiterentwicklung des nur in einem Exemplar hergestellten Versuchsjäger HD 49 (W.Nr. 371, D-2363). Musterflugzeug war He 51a, D-ILGY. Bei der Erprobung stellte sich die Änderung der Motorabgasanlage als notwendig heraus. Die ersten He 51 A-0 kamen im Juli 1934 zum JG 132. Die Serie He 51 A-1 wurde Mitte 1935 von Heinkel, Arado, Erla, AGO und Fieseler gebaut. Insgesamt wurden 550 hergestellt. Für die Seeflieger wurde eine kleine Serie He 51 B-1 gebaut.

This single-seat fighter is an aerodynamically refined development of the HD 49, of which only one aircraft W.Nr. 371, D-2363 was built. Prototype became He 51a D-ILGY. During tests it was noticed that a change to the exhaust-pipes was needed. The first He 51 A-0 went in July 1934 to JG 132. Altogether 550 He 51 were built by Heinkel, Arado, Erla, AGO and Fieseler by mid 1935. For the navy pilots a small number of He 51 B-1 was built.

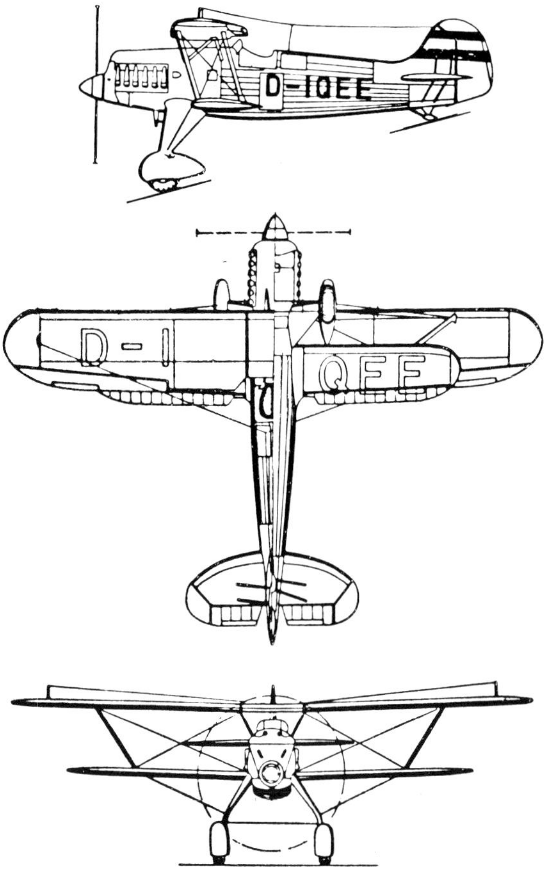

Flugzeugtyp	Heinkel He 51 L (A-1)
Baujahr/Built in	1933
Zweck/Purpose	Jäger/Fighter
Besatzung/Crew	1
Triebwerk/Powerplant	BMW VI 7, 3Z
Leistung PS/HP	750
Spannweite m/Span m	11,00
Länge m/Length m	8,40
Höhe m/Height m	3,20
Tragfläche qm	
Wing area qm	27,20
Leergewicht kg	
Empty weight kg	1.470
Fluggewicht kg	
Gross weight kg	1.900
Höchstgeschwindigkeit km/h	
Maximal speed km/h	310
Marschgeschwindigkeit km/h	
Medium speed km/h	280
Landegeschwindigkeit km/h	
Landing speed km/h	95
Steiggeschwindigkeit min/m	
Climbs min/m	16,5/6.000
Reichweite km/Range km	700
Gipfelhöhe m/Ceiling m	7.500
Bewaffnung/Armament	2 MG 17
Ausrüstung/Equipment	FuG G VII

Heinkel HD 49 (Prototyp He 51);

Heinkel He 51a D-ILGY

Heinkel He 51c, Bernburg 1936.

HEINKEL He 51 B-2

Obwohl sich bereits 1918 gezeigt hatte, daß Schwimmer-Jagdflugzeuge gegen Landjäger keine Chance hatten, verlangte das Kommando der Seeflieger einen Jagdeinsitzer auf Schwimmern. Acht He 51 B-1 wurden mit Schwimmwerk zu He 51 B-2 umgerüstet und weitere He 51 B-2 in Serie gebaut. Erprobung der Katapultfähigkeit auf den leichten Kreuzern "Köln" und "Nürnberg". Bis Kriegsausbruch nur als Schulflugzeug verwendet.

Although by 1918 it had been proved that floatplane fighters had no chance against land-based fighters, a single-seater floatplane was ordered for the Navy. Eight He 51 B-1 were modified by the installation of floats to the He 51 B-2 and run of 30 further He 51 B-2 was ordered. Test of catapult-start on the light cruisers "Köln" and "Nürnberg". Up to beginning of World War II, the He 51 B-2 was only used for training-duties.

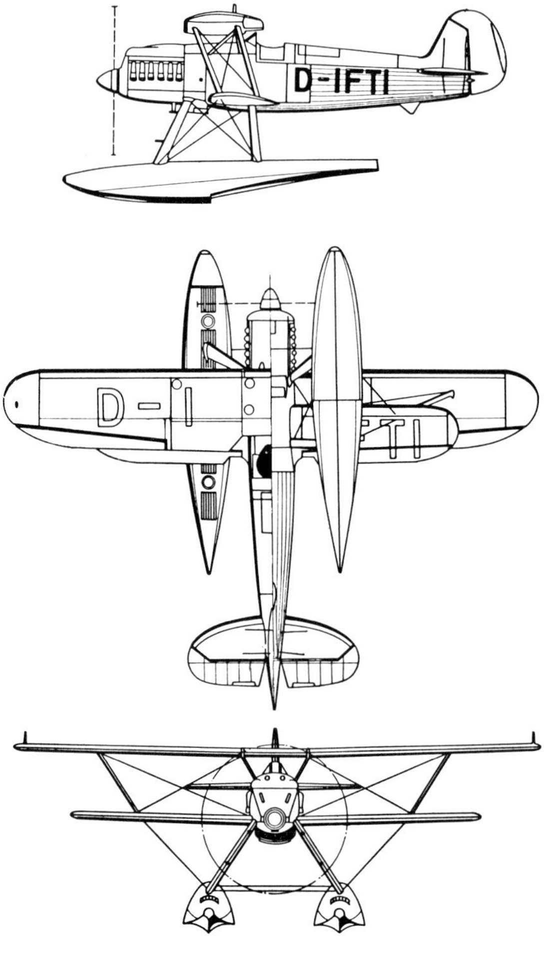

Flugzeugtyp	Heinkel He 51 B-2
Baujahr/Built in	1933
Zweck/Purpose	See-Jäger/Fighter on floats
Besatzung/Crew	1
Triebwerk/Powerplant	BMW VI 7,3
Leistung PS/HP	750
Spannweite m/Span m	11,00
Länge m/Length m	9,10
Höhe m/Height m	3,90
Tragfläche qm Wing area qm	27,20
Leergewicht kg Empty weight kg	1.525
Fluggewicht kg Gross weight kg	1.967
Höchstgeschwindigkeit km/h Maximal speed km/h	318
Marschgeschwindigkeit km/h Medium speed km/h	264
Landegeschwindigkeit km/h Landing speed km/h	100
Steiggeschwindigkeit min/m Climbs min/m	9,0/4.000
Reichweite km/Range km	550
Gipfelhöhe m/Ceiling m	7.400
Bewaffnung/Armament	2 MG 17
Ausrüstung/Equipment	FuG VII

Heinkel He 51 B-2/U1 D-IFTI

Heinkel He 51 B-2

HEINKEL He 74

Dieses kleine Übungsjagdflugzeug wurde als Konkurrenzmuster für Ar 76, Fw 56 und Hs 121 gebaut. Unverspannter Doppeldecker mit I-Streben zwischen den Tragflächen. Festes, verkleidetes Fahrwerk. Flügel mit Holz-Holm und -rippen, im vorderen Teil holzbeplankt, dahinter stoffbespannt. Rumpf Stahlrohrkonstruktion mit Stoffbespannung. Es wurden drei He 74a und fünf He 74b gebaut. He 74a wurde als Erprobungsträger für Flugeigenschaften mit verschiedenen Tragflächen verschiedener Profildicke verwendet.

This small fighter-trainer was built in competition to Ar 76, Fw 56 and Hs 121. Unbraced biplane with I-interplane-struts with fixed, covered undercarriage. Wings wooden spars and ribs, front part covered with plywood, the rest with fabric. Fuselage steel-tube construction fabric covered. Three He 74 a and five He 74 b were built. He 74 a used as test model for wings with different aerofoils.

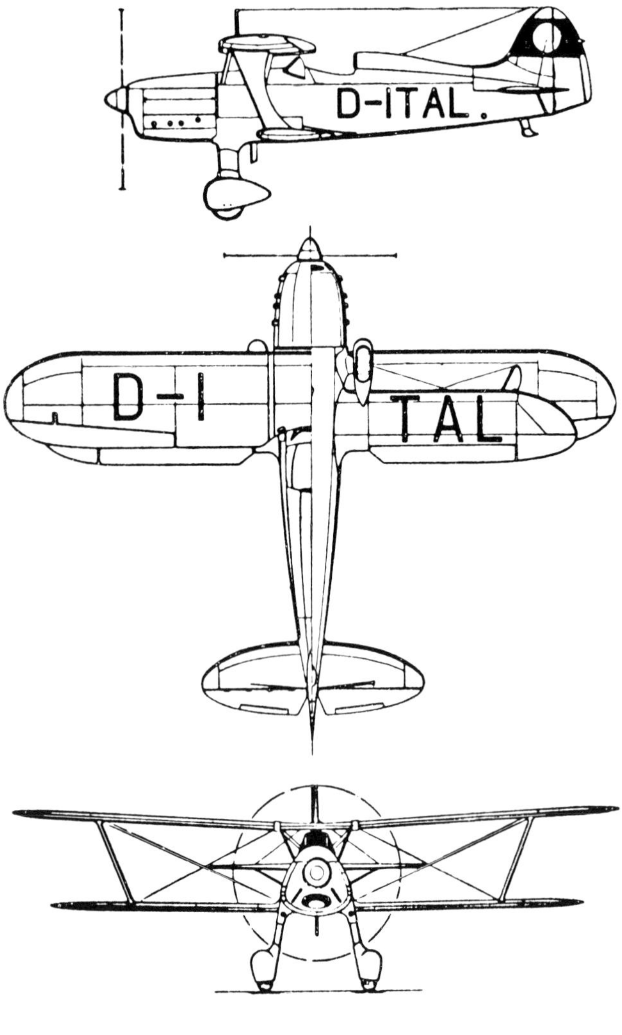

Flugzeugtyp	Heinkel He 74
Baujahr/Built in	1933
Zweck/Purpose	Übungsjäger/ Fighter-Trainer
Besatzung/Crew	1
Triebwerk/Powerplant	Argus As 10c
Leistung PS/HP	240
Spannweite m/Span m	8,25
Länge m/Length m	6,80
Höhe m/Height m	2,25
Tragfläche qm Wing area qm	14,95
Leergewicht kg Empty weight kg	730
Fluggewicht kg Gross weight kg	960
Höchstgeschwindigkeit km/h Maximal speed km/h	288
Marschgeschwindigkeit km/h Medium speed km/h	240
Landegeschwindigkeit km/h Landing speed km/h	90
Steiggeschwindigkeit min/m Climbs min/m	8,6/3.000
Reichweite km/Range km	480
Gipfelhöhe m/Ceiling m	6.200
Bewaffnung/Armament	1 MG 17
Ausrüstung/Equipment	FuG VII

Heinkel He 74a

Heinkel He 74b

HEINKEL He 112

Entwurf: Prof. Hertel. Konkurrenzmuster für Vergleichsfliegen Ende Oktober 1935 mit Bf 109, Fw 159 und Ar 80. Entscheidung zugunsten der Bf 109, da diese fabrikationsmäßig einfacher. Nur kleine Serie von 27 Maschinen, die teils an Rumänien, teils an Spanien verkauft wurden. Musterflugzeug dieser B-Serie He 112 V 11, D-IYWE. He 112 V 12, Musterflugzeug für geplante C-Serie, ging nach Japan und wurde dort als A7xHe1 geflogen. Serienbau erfolgte dort nicht.

Design: Prof. Hertel. Participated in the fighter tests at end of October 1935 with Bf 109, Fw 159 and Ar 80. Decision in favour of Bf 109 because production of it was easier. Only small run of 27 He 112 B. Production model of He 112 V 11, D-IYWE. He 112 V 12, prototype of projected C-series was delivered to Japan and was flown there as A7xHe1. No serial production there.

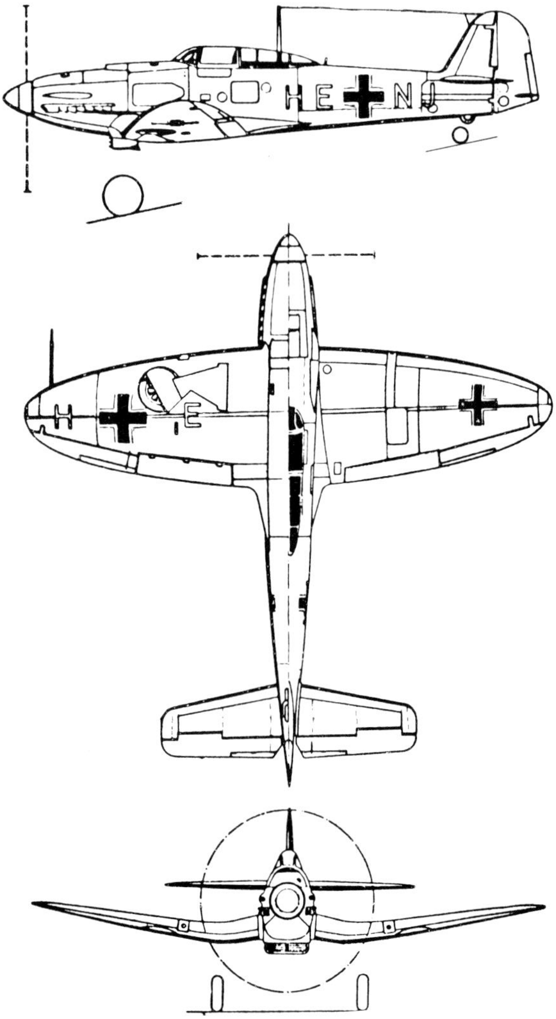

Flugzeugtyp	Heinkel He 112 B-1
Baujahr/Built in	1935
Zweck/Purpose	Jäger/Fighter
Besatzung/Crew	1
Triebwerk/Powerplant	Jumo 210 G
Leistung PS/HP	675
Spannweite m/Span m	9,10
Länge m/Length m	9,30
Höhe m/Height m	3,80
Tragfläche qm Wing area qm	17,00
Leergewicht kg Empty weight kg	1.620
Fluggewicht kg Gross weight kg	2.250
Höchstgeschwindigkeit km/h Maximal speed km/h	510
Marschgeschwindigkeit km/h Medium speed km/h	430
Landegeschwindigkeit km/h Landing speed km/h	135
Steiggeschwindigkeit min/m Climbs min/m	9,5/6.000
Reichweite km/Range km	1.000
Gipfelhöhe m/Ceiling m	9.500
Bewaffnung/Armament	2 MG/FF + 2 MG 17
Ausrüstung/Equipment	FuG VII

Heinkel He 112 V 2 D-IHGE

Heinkel He 112 V 9 D-IGSI

Heinkel He 112 B-1 D-IYWE

MESSERSCHMITT Bf 109 B

Erste Serienausführung dieses berühmten Jagdflugzeugs, von dem im ganzen mehr als 35.000 Exemplare gebaut wurden. Ganzmetall-Tiefdecker mit einziehbarem Heckradfahrwerk. Ruder stoffbespannt. Bf 109 B-1 mit Holzpropeller, B-2 mit Zweiblatt-Verstellschraube. Erster Kampfeinsatz bei Jagdgruppe J 88 im Spanischen Bürgerkrieg.

First serial version of this famous German fighter aircraft, of which altogether over 35,000 were produced. All-metal low-wing monoplane with retractable tail-wheel landing gear. All rudders fabric covered. Bf 109 B-1 with fixed wooden airscrew, B-2 with two-blade variable pitch propeller. First in action with Group J 88 in Spanish Civil War.

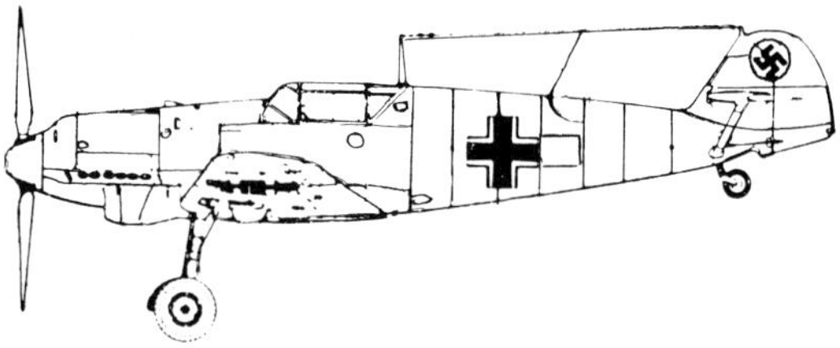

Flugzeugtyp	Messerschmitt Bf 109 B-1/B-2
Baujahr/Built in	1937
Zweck/Purpose	Jäger/Fighter
Besatzung/Crew	1
Triebwerk/Powerplant	Jumo 210 D / Da
Leistung PS/HP	680/685
Spannweite m/Span m	9,90
Länge m/Length m	8,70
Höhe m/Height m	2,45
Tragfläche qm Wing area qm	16,35
Leergewicht kg Empty weight kg	–
Fluggewicht kg Gross weight kg	–
Höchstgeschwindigkeit km/h Maximal speed km/h	460/470
Marschgeschwindigkeit km/h Medium speed km/h	350/360
Landegeschwindigkeit km/h Landing speed km/h	120
Steiggeschwindigkeit min/m Climbs min/m	6,85/5.000
Reichweite km/Range km	450
Gipfelhöhe m/Ceiling m	9.000
Bewaffnung/Armament	2–3 MG 17
Ausrüstung/Equipment	FuG VII

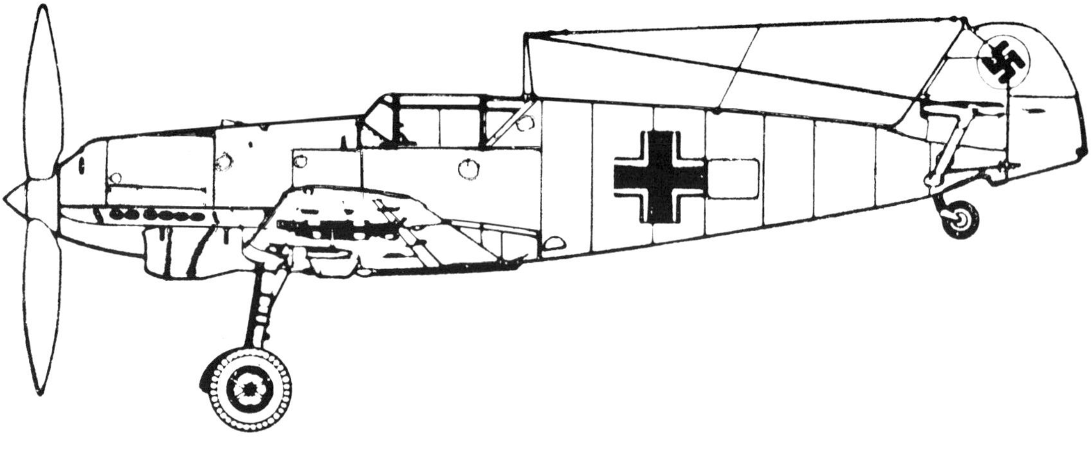

Messerschmitt Bf 109 B-2

Messerschmitt Bf 109 B-2, Jagdfliegerschule Luftfl.Kdo. 2.

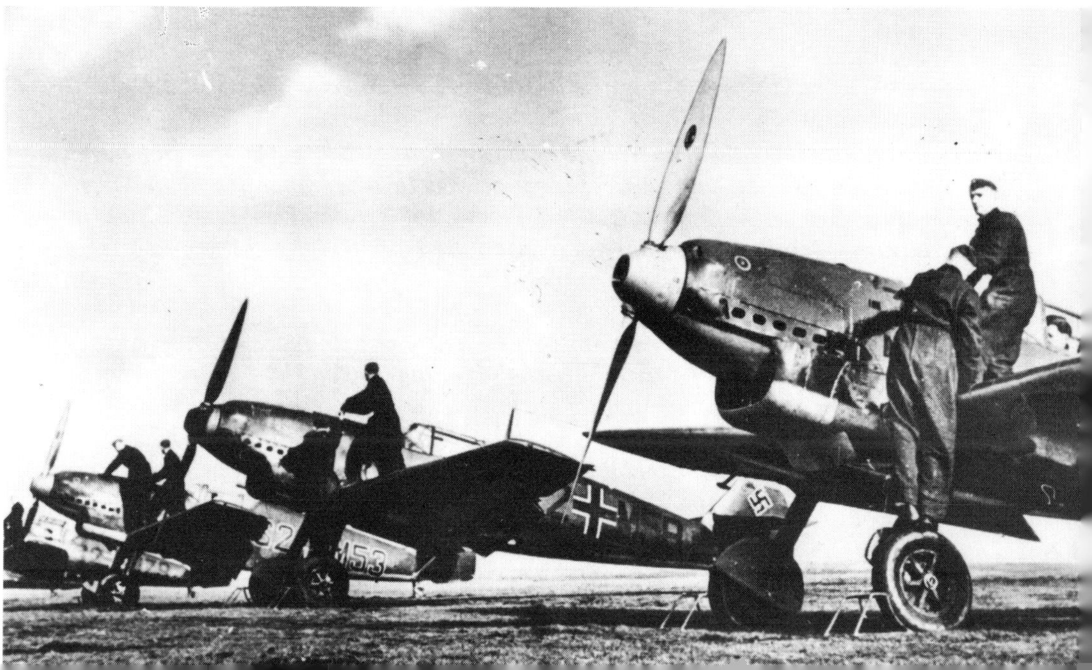

DIE ENTWICKLUNG DER JAGDWAFFE BIS ZUM AUSBRUCH DES ZWEITEN WELTKRIEGES 1935 BIS 1939

Die Produktion der He 51 und Ar 68 lief noch bis 1936. Noch 1937 bestand die Ausrüstung der bis dahin vorhandenen 14 Jagdgruppen und der für den Flugzeugträger "Graf Zeppelin" vorgesehenen Träger-Jagdstaffel aus diesen beiden Flugzeugmustern. Die erste Serie des neuen Standardjägers Bf 109 B lief Ende 1936 an, so daß ab Mitte 1937 die Umrüstung der Jagdverbände beginnen konnte. Im November 1937 lief dann die Serie Bf 109 C an, die bis zum Frühjahr 1938 lief und dann ohne Übergang in die Serie Bf 109 D überging. Aber bereits Ende 1938 lief dann die E-Serie an. Der Anlauf der Zerstörerproduktion verzögerte sich bis zum Sommer 1938. Es handelte sich um die Bf 110 B, der ab Januar 1939 die Serie Bf 110 C-1 folgte.

Bis Ende 1938 bestanden bereits fünf Jagdgeschwaderstäbe mit insgesamt 23 Jagdgruppen. Der erste Einsatz der Jagdwaffe erfolgte während des Spanischen Bürgerkriegs bei der "Legion Condor". Sie bestand aus der Jagdgruppe J 88, die vorerst mit He 51 ausgerüstet war. Nach Auftauchen der russischen Rata-Jäger kamen dann die ersten Bf 109 B und C nach Spanien. Der Einsatz der J 88 endete am 21. Februar 1939. Bei der Besetzung der Tschechoslowakei im Frühjahr 1939 und Österreichs im Frühjahr 1938 war die Jagdwaffe mit verhältnismäßig geringen Kräften beteiligt.

Obwohl am 1. Juli 1939 bereits zwei Zerstörergeschwader ZG 26 und ZG 76 bestanden, waren diese nur teilweise mit der Bf 110 B und C ausgerüstet. Es fand auch keine besondere Zerstörerausbildung, sondern nur die normale Jägerausbildung statt. Im Mobilisierungsplan vom 1. Juli 1939 war auch die Aufstellung von drei Nachtjagdgruppen und drei weiteren Nachtjagdstaffeln vorgesehen. Diese wurden aber bis auf zwei zu Tagjagdstaffeln umgewandelt. Dies waren die 10./JG 2 und die 11. (NJ) LG 2 (LG = Lehrgeschwader). Am 31. August 1939 verfügte die Jagdwaffe über 18 Jagdgruppen und zehn Zerstörergruppen. Die Zerstörerverbände verfügten über 95 Bf 110 C und D sowie 36 Bf 109 C und 277 Bf 109 D. Bei den Jagdverbänden befanden sich 28 Ar 68, 112 Bf 109 D und 631 Bf 109 E, insgesamt also 1.056 Jagd- und Zerstörerflugzeuge.

Production of the He 51 and Ar 68 ran until 1936. At the end of 1936, the first Bf 109 Bs were delivered, followed in November 1937 by the Bf 109 C series. These were followed in spring 1938 by the D series. By the end of autumn 1938, the completely redesigned Bf 109 E was running off the production lines. Production of the Bf 110 started in summer 1938 with the B series, followed in January 1939 by the Bf 110 C. Bf 109 B, C, D and E were tested in action during the Spanish Civil War by Fighter Group J 88. On 31st August 1939, the German Fighter Command had 18 fighter groups and ten destroyer groups. The fighter groups were equipped with 28 Ar 68, 109 Bf 109 D and 631 Bf 109 E. The destroyer groups had 95 Bf 110 C and D, 36 Bf 109 C and 277 Bf 109 D. This was due to the delay in production of the Bf 110.

In USA nachgebauter Fokker-Eindecker. ▶

208
FoK DRI 141/17

Dieser in USA nachgebaute Fokker-Eindecker ist voll flugfähig.

Der Fokker-Eindecker wird startfertig gemacht.

Albatros D Va mit den Kennzeichen des Lt. von Hippel, Jasta 5.

Junkers D I (J 9) im Musée de l'Air in Paris.

Fokker D VII in der Schweiz.

Pfalz D XII in USA.

Messerschmitt Bf 109 E des Jagdgeschwaders 26.

Messerschmitt Bf 109 E des Jagdgeschwaders 77 in Finnland.

Messerschmitt Bf 110 C des Lehrgeschwaders 2 über der englischen Kanalküste.

Messerschmitt Bf 110 C des Sturzkampfgeschwaders 1 in Frankreich.

Messerschmitt Bf 109 F des Jagdgeschwaders 51 in Rußland.

Messerschmitt Bf 109 F des Jagdgeschwaders 53 im russischen Winter.

Messerschmitt Bf 110 D der 8. Staffel des Zerstörer-Geschwaders 26 bei Geleitzugsicherung im Mittelmeer.

Messerschmitt Bf 110 D der 8./ZG 26 über der afrikanischen Küste.

Balkanfeldzug: Bf 110 D der 8./ZG 26 in Bulgarien.

Bf 110 D der 8./ZG 26 in Griechenland.

Hans-Joachim Marseille mit seinem 1. Wart, Oberfeldwebel Pöttgen.

Bf 109 E-4N der I./JG 27 über Nordafrika.

Bf 109 E-4N der 2. Staffel des JG 27 in Nordafrika.

Bf 109 E-4N des Oberleutnants Werner Schroer, I./JG 27, der über Nordafrika 61 Luftsiege errang.

Bf 110 D-2 der 9. Staffel des ZG 26 über der afrikanischen Küste.

Bf 110 D-2 der 9. Staffel des ZG 26 zwischen Derna und Tobruk.

Focke-Wulf Fw 190 A-3 vor dem Einflug.

Focke-Wulf Fw 190 F der I. Gruppe des Schlachtgeschwaders 1.

Focke-Wulf Fw 190 F-8, W.Nr. 931884, nach Restaurierung im Smithsonian Institution, Washington.
Diese Maschine war ursprünglich eine Fw 190A-4, W.Nr. 640069, und wurde April 1944
bei Fieseler in eine F-8 umgebaut.

Messerschmitt Bf 110 D der 9. Staffel des ZG 26 in Afrika.

Major Helm, Kommandeur der Erprobungsstelle Werneuchen vor einer Bf 110 G-4/R3 mit FuG 220 Lichtenstein SN 2.

Messerschmitt Me 262 A-1a im Smithsonian Institution, Washington.

Seitenansicht derselben Maschine, W.Nr. 500481, nach der Restaurierung.

Die deutschen Jagd- und Zerstörer-Gruppen am 1. Juli 1939
The german fighter- and destroyer-groups on the 1st July of 1939

I./ JG 1
I./JG 2
I./JG 3
I. und II./JG 26
I./JG 51
I./JG 52
I. und II./JG 53
I./JG 76
I. und II./JG 77
I. (J.) LG 2

ZG 26 I. – III. Gr.
ZG 76 I. – III. Gr.

Neu aufzustellen bis 31. August 1939
To draw up new till the 31st August of 1939

I. und III./JG 54
I./JG 20 (NJ)
I./JG 21 (NJ)
II./JG 71 (NJ)
Tr.J.St. 3/186
11.(NJ) LG 2
1. und 2./JG 70
1. und 2./JG 71
10. (NJ) JG 72
11.(NJ) JG 72

I./ZG 1
II./ZG 1
I./ZG 2
I./ZG 26
II./ZG 26
III./ZG 26
I./ZG 52
I./ZG 76
I.(Z) LG 1

Messerschmitt Bf 109 E-1 der I. Gruppe des JG 20.

ARADO Ar 197

Träger-Jagdflugzeug, das aus dem Versuchsflugzeug Ar 68 H entwickelt wurde. Verspannter Doppeldecker in Gemischtbauweise mit verkleidetem, festen Fahrwerk. Ar 197 V 3 wurde 1937 in Travemünde einer harten Erprobung mit starker Bewaffnung unterzogen und gut beurteilt. Entfiel aber, da der Flugzeugträger "Graf Zeppelin" nie fertiggestellt wurde.

Carrier-fighter, developed from the experimental Ar 68 H. Wire-braced biplane of mixed construction with covered fixed landing-gear. Ar 197 V 3 was tested 1937 at Travemuende with satisfying results. Failed, because the carrier "Graf Zeppelin" never was completed.

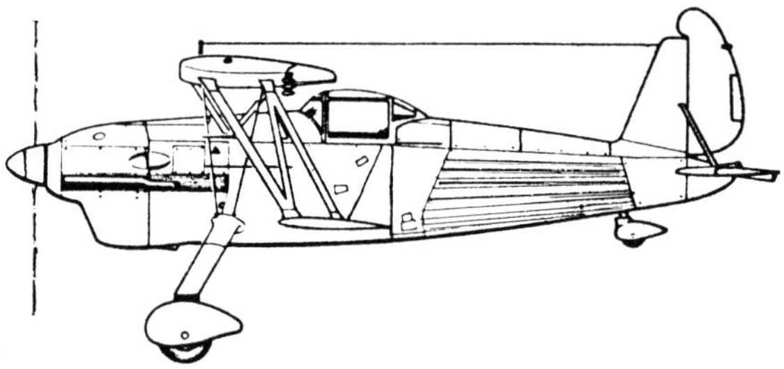

Flugzeugtyp	Ar 197
Baujahr/Built in	1937
Zweck/Purpose	Träger-Jagdflugzeug
Besatzung/Crew	1
Triebwerk/Powerplant	BMW 132 J
Leistung PS/HP	815
Spannweite m/Span m	11,0
Länge m/Length m	9,20
Höhe m/Height m	3,60
Tragfläche qm Wing area qm	27,8
Leergewicht kg Empty weight kg	1.800
Fluggewicht kg Gross weight kg	2.425
Höchstgeschwindigkeit km/h Maximal speed km/h	370
Marschgeschwindigkeit km/h Medium speed km/h	335
Landegeschwindigkeit km/h Landing speed km/h	110
Steiggeschwindigkeit m/sec Climbs m/sec	11,8
Reichweite km/Range km	–
Gipfelhöhe m/Ceiling m	9.200
Bewaffnung/Armament	2 x MG 17 + 2 x MG/FF
Ausrüstung/Equipment	200 kg Bomben

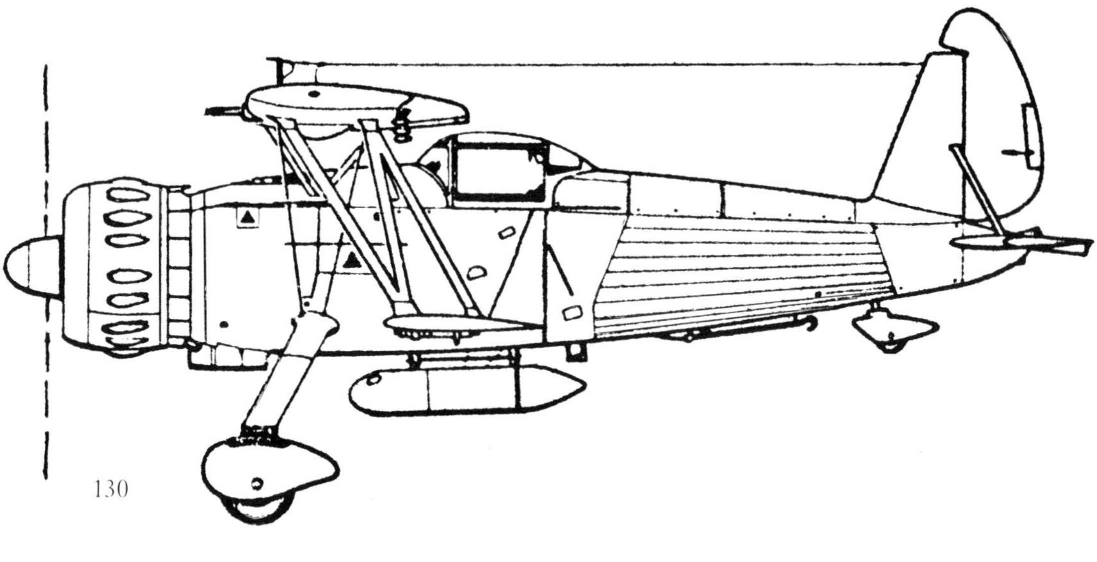

Arado Ar 197 V 1 D-ITSE

Arado Ar 197 V 2 D-IVLE

Arado Ar 197 V 3 (A-O)

FOCKE-WULF Fw 187

Entwurf: Kurt Tank. Zweimotoriger Jagdeinsitzer. Freitragender Tiefdecker in Ganzmetallbauweise. Einziehbares Heckrad-Fahrwerk. Prototyp Fw 187 V 1 D-AANA. Erstflug Sommer 1937, stürzte am 14. Mai 1938 ab. Es wurden sechs Versuchsflugzeuge und drei Fw 187 A-0 gebaut. Trotz ausgezeichneter Leistungen nur Versuchseinsatz in Norwegen. Wegen einsitziger Ausführung kein Serienbau.

Design: Kurt Tank. Twin-engined single-seat fighter. Cantilever all-metal monoplane. Retractable undercarriage with tail-wheel. Prototype Fe 187 V 1 D-AANA had its maidenflight in summer 1937, but crashed 14th May 1938. Six experimental planes and 3 Fw 187 A-O were built. In spite of excellent performance, only experimental action in Norway. No serial production because of lack of second seat.

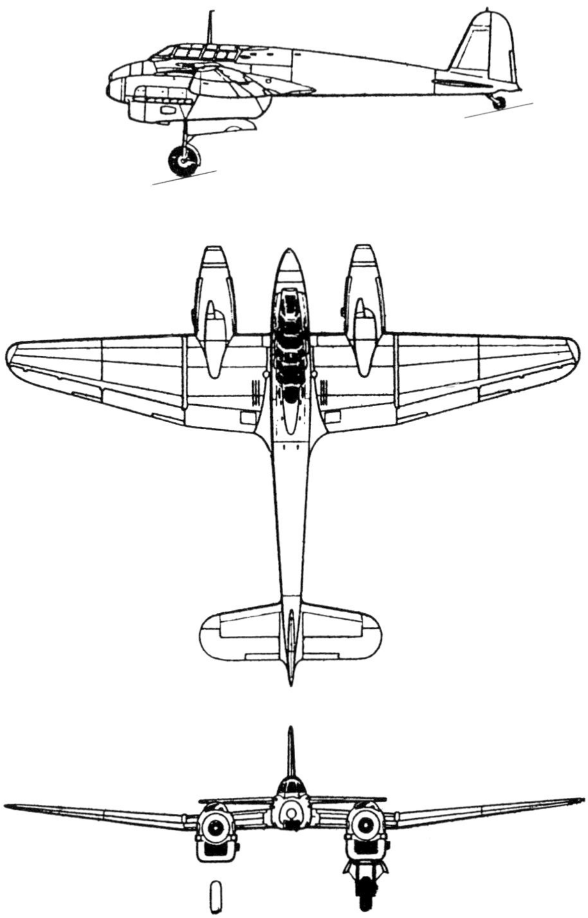

Flugzeugtyp	Fw 187
Baujahr/Built in	1936
Zweck/Purpose	Schwerer Jäger/ Heavy Fighter
Besatzung/Crew	1 – 2
Triebwerk/Powerplant	Jumo 210 G
Leistung PS/HP	2 x 700
Spannweite m/Span m	15,30
Länge m/Length m	11,10
Höhe m/Height m	3,85
Tragfläche qm Wing area qm	30,4
Leergewicht kg Empty weight kg	3.700
Fluggewicht kg Gross weight kg	5.000
Höchstgeschwindigkeit km/h Maximal speed km/h	530
Marschgeschwindigkeit km/h Medium speed km/h	480
Landegeschwindigkeit km/h Landing speed km/h	120
Steiggeschwindigkeit min/m Climbs min/m	5,8/6.000
Reichweite km/Range km	–
Gipfelhöhe m/Ceiling m	10.000
Bewaffnung/Armament	4 x MG 17 + 2 MG/FF
Ausrüstung/Equipment	

Focke-Wulf Fw 187 V 2

Focke-Wulf Fw 187 V 1 D-AANA

Focke-Wulf Fw 187 A-0

MESSERSCHMITT Bf 109 C

Weiterentwicklung der Version B-2 durch Einbau des stärkeren Jumo 210 Ga und zwei zusätzlicher MG 17. Musterflugzeuge Bf 109 V 8, V 9 und V 10, die gleichzeitig die Vorserie Bf 109 C-0 bildeten. Bf 109 C-2, C-3 und C-4 sind nur als Versuchsmuster für den Einbau des MG/FF im Motor und Tragflächen. Fünf Bf 109 C-1 wurden in Spanien bei der J 88 der Legion Condor erprobt.

Development of Bf 109 B-3 by installation of the more powerful Jumo 210 Fa and two additional MG 17. Prototypes were Bf 109 V 8, V 9 and V 10, which also were designated Bf 109 C-0. Bf 109 C-2, C-3 and C-4 were only experimental planes for tests with the MG/FF, installed in engine or wings. Five Bf 109 C-1 were tested by the J 88 of the Legion Condor in Spain.

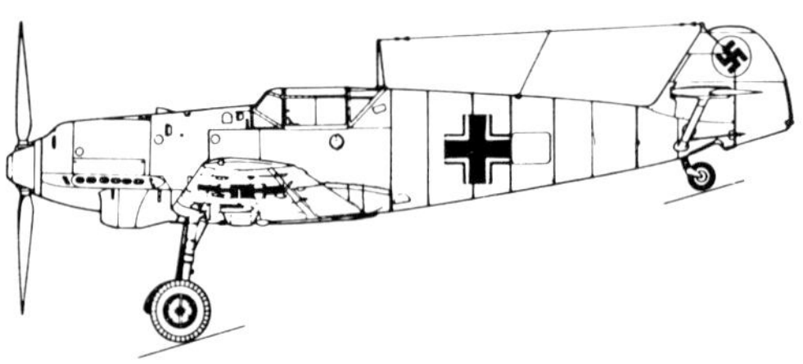

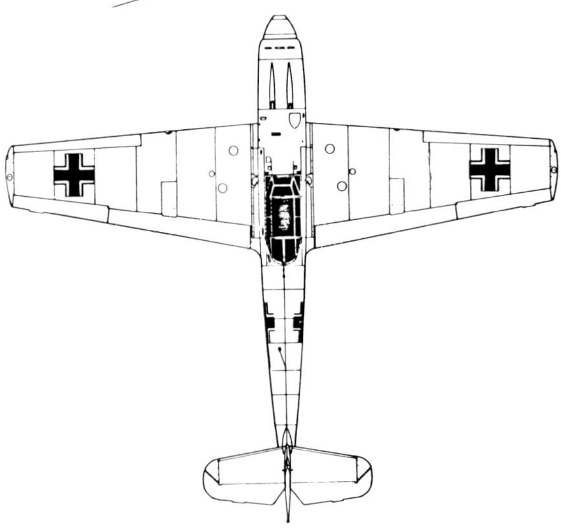

Flugzeugtyp	Messerschmitt Bf 109 C-1
Baujahr/Built in	1938
Zweck/Purpose	Jäger/Fighter
Besatzung/Crew	1
Triebwerk/Powerplant	Jumo 210 G
Leistung PS/HP	700
Spannweite m/Span m	9,90
Länge m/Length m	8,70
Höhe m/Height m	2,45
Tragfläche qm Wing area qm	16,35
Leergewicht kg Empty weight kg	–
Fluggewicht kg Gross weight kg	2.170
Höchstgeschwindigkeit km/h Maximal speed km/h	470
Marschgeschwindigkeit km/h Medium speed km/h	360
Landegeschwindigkeit km/h Landing speed km/h	120
Steiggeschwindigkeit min/m Climbs min/m	6,2/5.000
Reichweite km/Range km	450
Gipfelhöhe m/Ceiling m	5.000
Bewaffnung/Armament	4 MG 17
Ausrüstung/Equipment	–

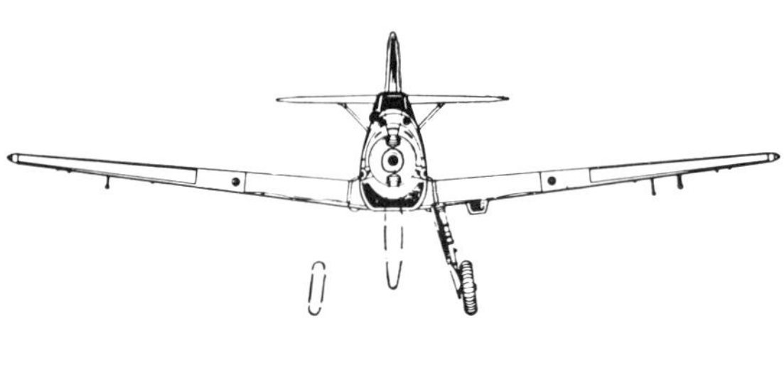

Messerschmitt Bf 109 C, JG 134, Bernburg 1938.

Messerschmitt Bf 109 C, JG 134.

Messerschmitt Bf 109 C

MESSERSCHMITT Bf 109 E

Grundlegender Unterschied zu den vorhergehenden Serien war der Einbau des DB 601, der zuerst bei Bf 109 V 13 und V 14 erprobt wurde. Insgesamt wurde eine Vorserie von zehn Bf 109 E-0 gebaut, die aber alle V-Nummern erhielten. Bf 109 E-1 hatte noch eine Bewaffnung von vier MG 17, E-2 ein MG/FFM und zwei MG 17, E-3 zwei MG/FF und zwei MG 17 und E-4 zwei MG/FFM und zwei MG 17. E-5 und E-6 waren Foto-Aufklärer und E-7 Jagdbomber, E-8 und E-9 waren Langstrecken- bzw. Foto-Versionen. Bf 109 E wurde auch exportiert nach Bulgarien, Ungarn, Japan, Rumänien, Spanien, Schweiz, Jugoslawien, sowie der Slowakei und der UdSSR.

Basic difference between the E-series and its predecessors was the installation of the DB 601, which was tested first in the Bf 109 V 13 and V 14. A pre-production-series of Bf 109 E-0 was built, of which had all V-numbers. Bf 109 E-1 still had an armament of four MG 17, E-2 one MG/FFM and two MG 17, E-3 two MG/FF and two MG/FF and two MG 17 and E-4 two MG/FFM and two MG 17. E-5 and E-6 were reconnaissance fighters and E-7 fighter-bombers. E-8 was long-range version and E-9 again a reconnaissance-fighter. Bf 109 E were also exported to Bulgaria, Hungary, Japan, Roumania, Spain, Switzerland, Yugoslavia, Slovakia and USSR.

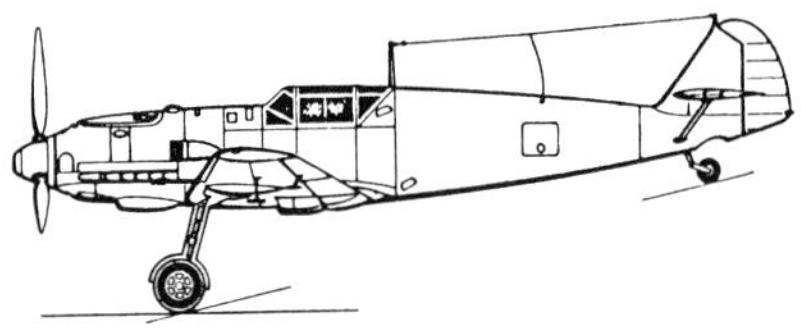

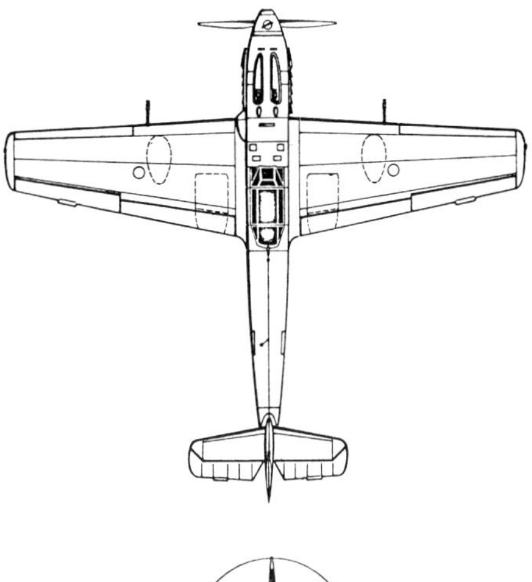

Flugzeugtyp	Messerschmitt Bf 109 E-3
Baujahr/Built in	1939
Zweck/Purpose	Jäger/Fighter
Besatzung/Crew	1
Triebwerk/Powerplant	Daimler-Benz DB 601A
Leistung PS/HP	1.100
Spannweite m/Span m	9,90
Länge m/Length m	8,76
Höhe m/Height m	2,45
Tragfläche qm Wing area qm	16,35
Leergewicht kg Empty weight kg	2.060
Fluggewicht kg Gross weight kg	2.610
Höchstgeschwindigkeit km/h Maximal speed km/h	570
Marschgeschwindigkeit km/h Medium speed km/h	380
Landegeschwindigkeit km/h Landing speed km/h	130
Steiggeschwindigkeit min/m Climbs min/m	5/5.000
Reichweite km/Range km	560
Gipfelhöhe m/Ceiling m	11.000
Bewaffnung/Armament	2 MG/FF, 2 MG 17
Ausrüstung/Equipment	FuG VII, FuG 25

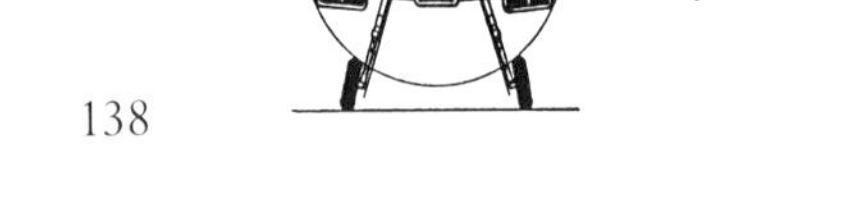

Messerschmitt Bf 109 E-3

Messerschmitt Bf 109 E-7, 7./JG 5 Banak (Norwegen), April 1942.

Messerschmitt Bf 109 E-4, JG 77, Belzy, Rumänien 1941.

MESSERSCHMITT Bf 110 C

Die Bf 110 C war die erste Baureihe, die in Großserie gebaut wurde. Nach einer Vorserie von zehn Bf 110 C-0, die im Januar 1939 geliefert wurden, begann im gleichen Monat die Auslieferung der 70 Bf 110 C-1 an die ZG 1 und 76, sowie die Zerstörergruppe des LG 1. Ende 1939 begann die Lieferung der C-2, die eine verbesserte Funkanlage und Bewaffnung hatte. C-3 brachte eine weitere Verbesserung der Bewaffnung. 1940 folgte die ihr ähnliche C-4. C-5 wurde als Aufklärer eingesetzt, C-6 und C-7 als Jagdbomber. 1941 lief die C-Serie aus.

Bf 110 C was the first series to be produced in large numbers. A pre-production series of ten Bf 110 C-0 were delivered in January 1932. In the same month, delivery of 70 Bf 110 C-1 to ZG 1 and ZG 76 and the destroyer-group of LG 1 began. At the end of 1939 came the C-2, which had improved radio-equipment and armament. C-3 had further increased armament, followed in 1940 by the similar C-4, C-5 was used as reconnaissance-plane, C-6 and C-7 as fighter bomber. 1941 the C-series was replaced by the D- and E-series.

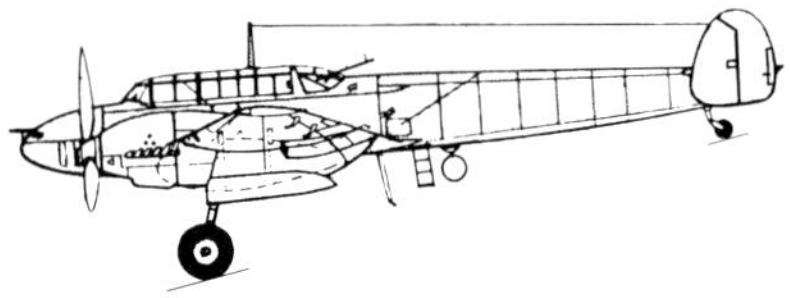

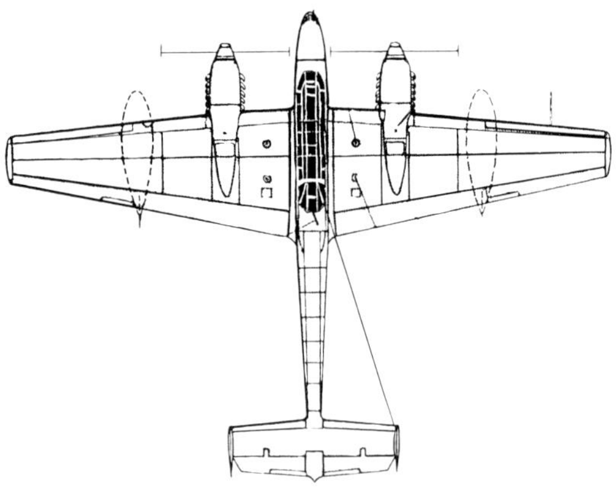

Flugzeugtyp	Messerschmitt Bf 110 C-4
Baujahr/Built in	1939
Zweck/Purpose	Zerstörer/Destroyer
Besatzung/Crew	2
Triebwerk/Powerplant	Daimler-Benz DB 601A
Leistung PS/HP	2 x 1.100
Spannweite m/Span m	16,25
Länge m/Length m	12,10
Höhe m/Height m	4,12
Tragfläche qm	
Wing area qm	38,50
Leergewicht kg	
Empty weight kg	4.885
Fluggewicht kg	
Gross weight kg	6.028
Höchstgeschwindigkeit km/h	
Maximal speed km/h	550 in 7.000 m Höhe
Marschgeschwindigkeit km/h	
Medium speed km/h	380
Landegeschwindigkeit km/h	
Landing speed km/h	145
Steiggeschwindigkeit min/m	
Climbs min/m	10,2/6.000
Reichweite km/Range km	1.300
Gipfelhöhe m/Ceiling m	9.000
Bewaffnung/Armament	2 MG/FF, 4 MG 17, 1 MG 15
Ausrüstung/Equipment	FuG VII, FuG X, FuG 25

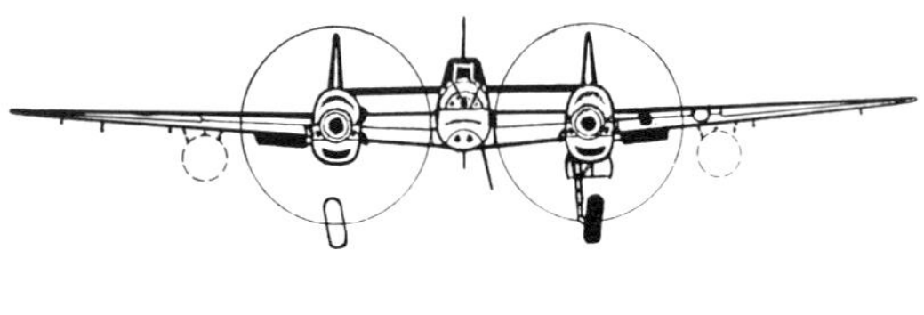

Messerschmitt Bf 110 C, Aarhus, Dänemark 1940.

Messerschmitt Bf 110 C-4 ZG 26 3U+CN

Messerschmitt Bf 110 C-4, 5./ZG 26.

DIE JAGDWAFFE BIS ZUR LUFTSCHLACHT UM ENGLAND

Da die deutsche Führung mit einem Angriff im Westen während des Feldzuges in Polen rechnen mußte, sind in Polen nur wenige Jagdverbände eingesetzt worden. Es waren dies die I./JG 1, die I./JG 21 mit Bf 109 und die mit Bf 110 ausgerüsteten I./ZG 2, I./ZG 76, I. und II./ZG 1 und die I./LG 2. Alle anderen Jagd- und Zerstörerverbände blieben im Westen von der Schweizer Grenze bis zu den Friesischen Inseln verteilt. Für die Nachtjagd waren nur die 10./LG 2 und die 11. (NJ) LG 2 verblieben. Bei Beginn des Polenfeldzuges wurden noch die 10. (N) JG 26 und die 10. (N) JG 53 für diesen Zweck vorgesehen. Alle Jagdgruppen waren mit der BF 109 D und E ausgerüstet, nur beim ZG 26 und der 11./LG 2 befanden sich noch einige Bf 109 B. Die Zerstörerverbände waren sämtlich mit der Bf 110 C ausgerüstet. Die veralteten Bf 109 B und C waren an die Jagdschulen abgegeben worden, wo sich auch größere Mengen von aus Österreich übernommenen Fiat CR 32 und in der Tschechoslowakei beschlagnahmte Avia BH 534 befanden. Die Serie Bf 109 D war ausgelaufen, die Serie E lief auf hohen Touren. Die Auslieferung der Bf 110 lief immer noch stockend. Als nach Beendigung des Polenfeldzuges die erwarteten Nachtangriffe der Franzosen und Engländer ausblieben, wurde die Nachtjagd weiter eingeschränkt. Ende 1939 bestand nur noch die durch Zusammenlegung der 10.(N) JG 2 und der 10.(N) JG 26 entstandene IV.(N) JG 2, die mit der Bf 109 D ausgerüstet war.

Durch die kriegerischen Ereignisse wurde der Beginn einer neuen Jagdflugzeugentwicklung nur wenig beachtet. Bei Focke-Wulf hatte man seit Juli 1938 an der Entwicklung eines neuen Jagdeinsitzers gearbeitet, der mit dem Doppelsternmotor BMW 139 ausgerüstet werden sollte. Die erste Versuchsmaschine Fw 190 V 1 startete am 1. Juni 1939 zum Erstflug. Es stellte sich bald heraus, daß der BMW 139 den Anforderungen nicht genügte. Aber auch der Nachfolgetyp BMW 801 machte Schwierigkeiten, die dazu führten, daß der Serienlauf der Fw 190 erst im Mai 1941 erfolgen konnte.

Bereits 1939 war seitens der Flugzeug- und Flugmotorenindustrie auf die Engpässe des Luftwaffenrüstungsprogramms hingewiesen worden: Motorenfertigung und Treibstoffproduktion bereiteten auch den verantwortlichen Männern in der Luftwaffenführung bereits zu diesem Zeitpunkt erhebliche Sorgen.

Im Norwegen-Feldzug, der am 9. April 1940 begann, waren nur zwei Zerstörergruppen und eine Jagdgruppe eingesetzt. Die II./JG 77 mit Bf 109 E erhielt ihren neuen Standort in Kristiansand in Dänemark, während die mit Bf 110 D-1 und D-2 ausgerüsteten I./ZG 1 und I./ZG 76 Standorte in Norwegen bezogen.

Für den am 10. Mai 1940 beginnenden Westfeldzug waren 1.016 Bf 109 E und 248 Bf 110 C und D einsatzbereit. Die Bf 109 zeigte sich allen gegnerischen Jägern überlegen. Trotzdem traten aufgrund der fliegerischen Einsatzbereitschaft der gegnerischen Flugzeugführer zeitweise erhebliche Verluste auf deutscher Seite auf. Insbesondere die Ausrüstung der Bf 109 mit zwei Bordkanonen erwies sich als Vorteil für die deutschen Jäger, da die Gegner meist nur eine Kanone oder sogar nur MG-Bewaffnung besaßen. Die englischen Hurricanes und Spitfires wurden daraufhin schleunigst umgerüstet.

Am 30. April 1940 kam es zum ersten echten Nachtjagdeinsatz.
Drei Bf 110 C der I./ZG 1 konnten abfliegende englische Bomber in Verbindung mit einer Funkmeßstelle feststellen und angreifen. Zum Abschuß kam es nicht. Aus der Ende 1939 entstandenen IV./(N) JG 2 wurde das nunmehr mit Bf 110 ausgerüstete NJG 1 unter Hauptmann Falck. Bereits am 17. Juli 1940 wurde dann die Nachtjagd-Division unter Oberst Kammhuber, der von der Bomberwaffe kam, aufgestellt.
Ende Juni begannen die ersten Auseinandersetzungen zwischen den deutschen und englischen Jägern im Kanalbereich, die dann mit Hitlers Weisung Nr. 17 vom 1. August 1940 zur Luftschlacht um England führten, die dann bewies, daß Bf 109 und Bf 110 falsch konzipiert waren. Die Bf 110 war zu langsam und nicht wendig genug für den Jägerkampf, die Bf 109 hatte zu geringe Reichweite.

The following units were in action in Poland: I./JG 1, I./JG 21 with Bf 109s and I./ZG 2, I./ZG 76, I. and II./ZG 1 and I./LG 2 with Bf 109 Es and Bf 110s. All other fighter units remained along the German border in the west. Two night fighter units were in existance. The E-3 series of the Bf 109 was now in production. At the training schools, Fiat CR 32s were used alongside the old He 51s and Ar 68s, as well as some Czech BH 534s. The Fiats were taken over from the Austrian air forces. At the Focke-Wulf factory in Bremen, the first prototype of the new Focke-Wulf 190 had been completed and it took off for its maiden flight on 1st June 1939. This aircraft had a good deal of trouble with its BMW 139 engine. This was soon replaced by the BMW 801 which was not much better and the production of the Fw 190 could not begin before May 1941. During the campaign in Norway and Danmark, which began on 10th May 1940, only the I./ZG 1, I./ZG 76 and the II./JG 77 saw action. When the German offensive in the west began on 10th May 1940, 1,016 Bf 109 Es and 248 Bf 110 Cs and Ds were ready. At this time, the Bf 109 E was superior to all British and French fighters. On 30th April 1940, the first real night air action took place when Bf 110s of I./ZG 1 met British night bombers. The first German night fighter unit, the Nachtgeschwader 1 (NJG 1) under Capt. Falck and equipped with the Bf 110 C, was formed. After Hitler's Order No. 17, the Battle of Britain proper began on 1st August 1940. This battle showed that the German fighter concept was wrong. The range of the Bf 109 was too short and the Bf 110 was too slow.

Die ersten Focke-Wulf Fw 190: V 1, FO+LZ,V 5K und zwei Fw 190 A-1.

Die folgenden Jagd- und Zerstörerverbände waren im Frankreichfeldzug 1940 eingesetzt

The following fighter- and destroyer-squadrons were in action during the campaign in the West

JG 2 (I. – III. Gr.)
JG 3 (I. – III. Gr.)
JG 26 (I. – III. Gr.)
JG 27 (I. – III. Gr.)
JG 51 (I. und II. Gr.)
JG 52 (I. – III. Gr.)
JG 53 (I. – III. Gr.)
JG 54 (I. Gr.)
JG 76 (I. Gr.)
JG 77 (I. Gr.)
JG 186 (II. Gr.)
LG 2 (I. Gr. (J)

ZG 1 (I. und II. Gr.)
ZG 2 (I. Gr.)
ZG 26 (I. – III. Gr.)
ZG 76 (I. und II. Gr.)
LG 1 (V.Gr.Z)

Dazu kamen die Stäbe der Geschwader und Gruppen.
Additionally were in action the staffs of the Geschwader and Groups.

Bei der Luftschlacht um England waren folgende Jagd- und Zerstörer-Verbände eingesetzt

During the Battle of Britain the following fighter- and destroyer-squadrons were in action

Luftflotte 5	I./ZG 76
Luftflotte 2	JG 3 Stab und I. – III. Gr.
	JG 26 Stab und I. – III. Gr.
	JG 51 Stab und I. – III. Gr.
	JG 52 Stab und I. – III. Gr.
	ZG 26 Stab und I. – III. Gr.
	ZG 76 Stab und I. – III. Gr.
	E.Gr. 210
	NJG 1 Stab und I. – II. Gr.
Luftflotte 3	JG 27 Stab und I. – III. Gr.
	JG 2 Stab und I. – III. Gr.
	JG 53 Stab und I. – III. Gr.
	LG 2 II. Gr. (J)
	ZG 2 Stab und I. – III. Gr.

Messerschmitt Bf 109 E-4 der III. Gruppe des JG 27.

Messerschmitt Bf 109 E-4B der 11.(Schlacht-)Staffel Lehrgeschwader 2.

JÄGER ÜBER AFRIKA, BALKAN UND RUSSLAND

Das Jahr 1941 brachte Entscheidungen, die sich in den kommenden Jahren erst auswirken sollten. Der Feldzug gegen die Sowjetunion war bereits geplant. Er wurde durch die zur Unterstützung Italiens notwendig gewordenen Operationen in Afrika und auf dem Balkan nur verzögert. Die im Winter 1940/1941 abgeflaute Schlacht um England flammte im Frühjahr 1941 wieder auf. Die ersten Einsätze dort mit der Fw 190 zeigten, daß die Triebwerkschwierigkeiten noch nicht überwunden waren. Im September 1940 begann die Umrüstung der Jagdverbände von der Bf 109 E zur Bf 109 F. Diese Maschine stieß bald auf Widerspruch. Die Jagdflieger bemängelten, daß sie gegenüber der Bf 109 E mit einer Kanone zu schwach bewaffnet war. Der Wegfall der Stützstreben am Leitwerk führte laufend zu Leitwerksbrüchen. Aber auch die Flächen brachen oft bei zu hoher Belastung im Kurvenkampf. Die Luftflotte 2 beanstandete die Bf 109 F bereits am 15. Februar 1941. Im April mußten Umrüstkolonnen zu den Verbänden geschickt werden, um 25 festgestellte Mängel an der Maschine zu beheben.
Inzwischen war, nachdem das erste Strahlflugzeug der Welt, die Heinkel He 178, am 24. August 1939 den Erstflug durchgeführt hatte, bei Heinkel und Messerschmitt intensiv an der Entwicklung von Strahljägern gearbeitet worden, nachdem die ersten Heinkel- und Junkers-Strahlturbinen zur Verfügung standen. Am 5. April 1941 konnte die He 280 V 2 den ersten erfolgreichen Flug durchführen. Am 18. April 1941 flog die Me 262 V 1, allerdings noch mit Kolbenmotor.
Bereits Mitte Dezember 1940 traf als erster deutscher Verband die III./ZG 26 in Treviso ein. Ihr folgte am 5. Februar 1941 die 1./NJG 3 und am 9. Februar 1941 die 7./JG 26. Beide wurden in Gela stationiert und griffen nun in die Operationen im Mittelmeer ein. In Nordafrika begann am 18. April 1941 mit der Verlegung der I./JG 27 nach Ain-el-Gazala die Aktivität der deutschen Jagdflieger in Afrika. Hier wurde die Bf 109 E-4/N geflogen.
Auf dem Balkan hatten die Operationen gegen Jugoslawien und Griechenland am 6. April 1941 begonnen, an denen das ZG 26 und Teile der JG 27, 54, 52 und 77 beteiligt waren.
Die Nachtjagd war inzwischen weiter ausgebaut worden, zumal sich im Winter 1940/41 die britischen Nachtangriffe auf das Reichsgebiet verstärkten. Bordortungsgeräte gab es noch nicht. Zu den Bf 110 D und C, die als Nachtjäger verwendet wurden, kamen die Do 17 Z-7 und Z-10, die Do 215 E-5 und die Ju 88 C, alles Maschinen, die von Bombertypen abgeleitet worden waren. Die Bf 110 stellte sich bald als untauglich heraus. Sie war zu langsam und stieg auch zu langsam. Trotzdem wurden Bf 110 C und D noch bis 1943 weitergebaut!
Für den Feldzug gegen die Sowjetunion, der am 21. Juni 1941 begann, wurden alle Jagd- und Zerstörer-Verbände, ausgenommen die Jagdgeschwader 2 und 26 und die in Afrika eingesetzten Verbände, sowie die Nachtjäger und das JG 1 an die Ostfront, d. h. auf Flugplätze, die sich von Finnland bis zum Schwarzen Meer zogen, verlegt. Insgesamt waren im Osten im Juni 1941 440 Bf 109 und

40 Bf 110 eingesetzt. Wenn man bedenkt, daß diese insgesamt 480 Jäger und Zerstörer auf eine Frontlänge von etwa 6.000 Kilometer verteilt waren, dann kann man erst ermessen, wie schwach die deutsche Jagdwaffe in diesen Feldzug eintrat.

In September 1940, the first Bf 109 Fs were delivered and went into action in the Channel area. The first Fw 190s joined them, but the trouble with the BMW 801 had not been solved entirely. During the first weeks of the Russian campaign, there were many complaints about the Bf 109 F. In April 1941, repair teams had to be sent to the squadrons to deal with structural defects in the Bf 109 F. In April 1941, Heinkel had the first flight of his jet fighter, the He 280 V 2. On 18th April 1941, the first Me 262 jet fighter flew, although still powered by a piston engine. The Luftwaffe was by now also present in the Mediterranean theatre. In December 1941, the first destroyer squadrons arrived in Italy. The 7./JG 26 was also sent there. However, the real action in North Africa began with the arrival of the I./JG 27 at Ain-el-Gazala. The Campaign in the Balkans began on 6th April 1941. JGs 27, 52, 54 and 77 were in action here. In the winter of 1940/41, British night bombing was intensified. On the German side, radar was not yet available. When the offensive against Russia began on 21st June 1941, all German fighter and destroyer units except those in the Mediterranean and JGs 2 and 26 were sent to the Eastern Front. This front was 6,000 km long. With 480 fighters and 40 destroyers, the Luftwaffe started the campaign understrengthened.

Die deutschen Jagdverbände im Osten 21. Juni 1941
The german fighter-units in the East 21st June of 1941
(JG = Jagdgeschwader, Gr. = Gruppe/*Group,* St. = Stab/*staff*)

Luftflotte 1	JG 53	II. und III. Gr.
	JG 54	St. und I. – III. Gr.
	JG 52	II. Gr.
	JG 27	St. und II. – III. Gr.
	ZG 26	St. und I. – II. Gr.
Luftflotte 2	JG 51	St. und I. – IV. Gr.
	JG 53	St. und I. Gr.
Luftflotte 4	JG 3	St. und I. – III. Gr.
	JG 52	St. und III. Gr.
	JG 77	St. und II. – III. Gr. und Reserve-Gr.
	LG 2	I.(J) Gr.
Luftflotte 5	JG 77	13. und 14. Staffel (Squadron)
	ZG 76	2. Staffel und 1 Schwarm (3 a/c)

ARADO Ar 240

Entworfen als Schwerer Jäger und Mehrzweck-Flugzeug. Freitragender Ganzmetall-Tiefdecker. Wurde während des Baus der Versuchsflugzeuge wiederholt geändert. Es wurden nur einige Versuchs- und Vorserienflugzeuge gebaut, von denen ein Teil beim JG 5 eingesetzt war.

Designed as heavy fighter and multi-purpose. Cantilever, all-metal low-wing monoplane. Modified repeatedly during construction. Only a few experimental and pre-production planes were built and used at JG 5.

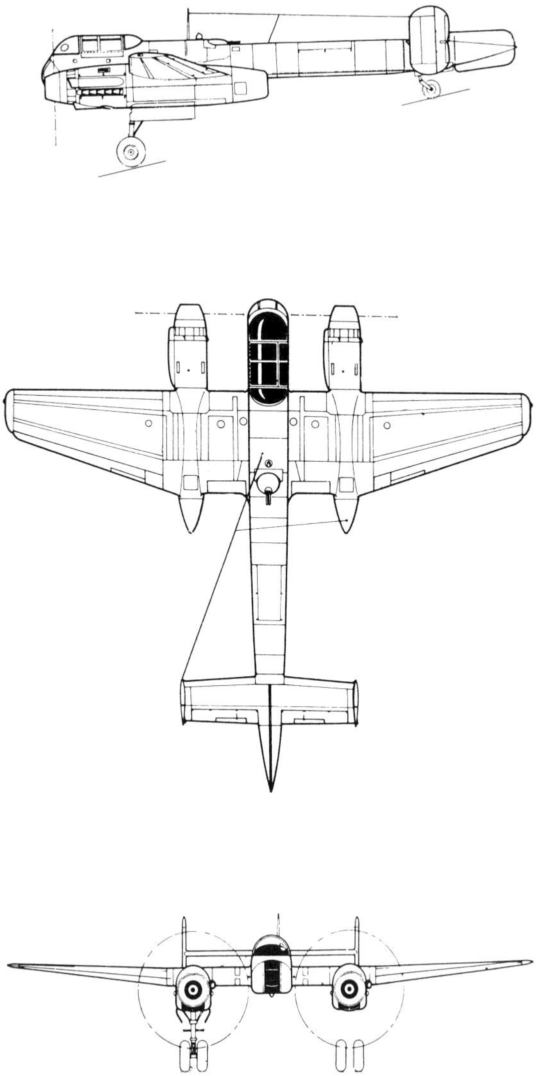

Flugzeugtyp	Ar 240
Baujahr/Built in	1941/42
Zweck/Purpose	Zerstörer und Nachtjäger
Besatzung/Crew	2
Triebwerk/Powerplant	DB 603 A-1
Leistung PS/HP	2 x 1.750
Spannweite m/Span m	14,34
Länge m/Length m	12,81
Höhe m/Height m	3,96
Tragfläche qm Wing area qm	31,30
Leergewicht kg Empty weight kg	6.350
Fluggewicht kg Gross weight kg	10.120
Höchstgeschwindigkeit km/h Maximal speed km/h	668
Marschgeschwindigkeit km/h Medium speed km/h	570
Landegeschwindigkeit km/h Landing speed km/h	140
Steiggeschwindigkeit min/m Climbs min/m	9,7/6.000
Reichweite km/Range km	1.810/2.200
Gipfelhöhe m/Ceiling m	10.200
Bewaffnung/Armament	4 x MG 151/20 + 2 x MG 131 Z
Ausrüstung/Equipment	FuG 15, FuG X, FuG 25a, FuNG 101

Arado Ar 240 V 3

Arado Ar 240 A-O TF+MH

Arado Ar 240 A-O, JG 5

DORNIER Do 17 Z-7 / Z-10 "Kauz I/II"

Do 17 Z-7 Umbau aus Do 17 Z-3 durch Einbau der Bugbewaffnung der Ju 88 C-2. Nur ein oder zwei Maschinen gebaut und bei der I./NJG 2 eingesetzt. Eine mit Suchscheinwerfer, die andere mit Infrarot-"Spanner"-Suchgerät. Einsatz Sommer 1940 – Winter 1941. R4+HK der I./NJG 2 nach England-Einsatz schwer beschädigt und abgewrackt. Do 17 Z-10 "Kauz II": Neun Maschinen aus Do 17 Z-3 umgebaut und stärker als Z-7 bewaffnet. Teils mit "Spanner"-Anlage, teils bereits mit FuG 202 "Lichtenstein BC" ausgerüstet. Einsatz 1940 bis 1943 meist bei NJG 2.

Do 17 Z-7 modification of Do 17 Z-3 with fixed front-MG's of Ju 88 C-2. Only 1 – 2 aircraft built. One with searchlight, the other one with infrared "Spanner"-device. Service summer 1940 – winter 1941 at NJG 1 and 2. R4+HK of I./NJG 2 after raid on England damaged and scrapped. Do 17 Z-10 "Kauz II": nine planes modified from Do 17 Z-3 with heavier armament than Do 17 Z-7 "Kauz I". Some planes with "Spanner"-device, some already with FuG 202 "Lichtenstein BC". Service 1940 – 1943 mostly with NJG 2.

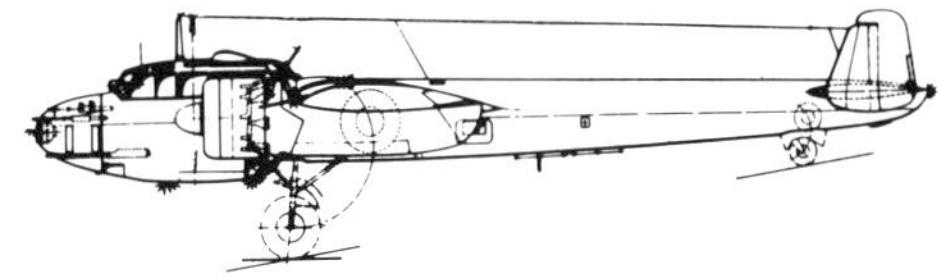

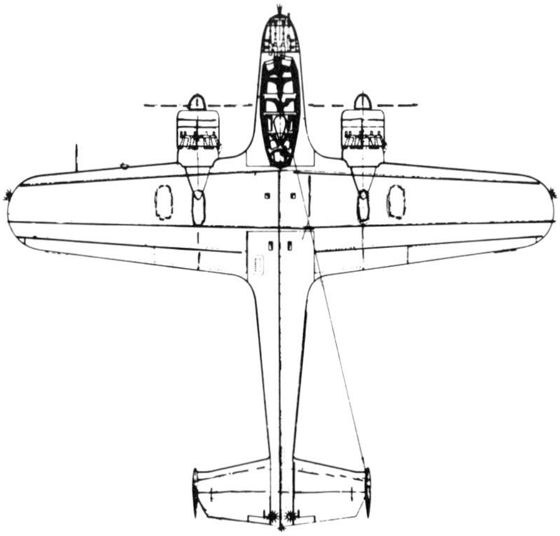

Flugzeugtyp	Dornier Do 17 Z-7/Z-10
Baujahr/Built in	1940–1943
Zweck/Purpose	Nachtjäger/Nightfighter
Besatzung/Crew	3
Triebwerk/Powerplant	BMW/Bramo 323 P
Leistung PS/HP	2 x 1.050 PS
Spannweite m/Span m	18,00
Länge m/Length m	15,79
Höhe m/Height m	4,56
Tragfläche qm Wing area qm	55,00
Leergewicht kg Empty weight kg	5.390
Fluggewicht kg Gross weight kg	8.890
Höchstgeschwindigkeit km/h Maximal speed km/h	442 in 5.000 m Höhe
Marschgeschwindigkeit km/h Medium speed km/h	380
Landegeschwindigkeit km/h Landing speed km/h	125
Steiggeschwindigkeit min/m Climbs min/m	3,3/1.000
Reichweite km/Range km	1.700
Gipfelhöhe m/Ceiling m	7.250
Bewaffnung/Armament	1 MG 151 + 3 MG 17 + 3 MG 15
Ausrüstung/Equipment	FuG X + FuG 25 + Peil GV + Fu Bl. 1

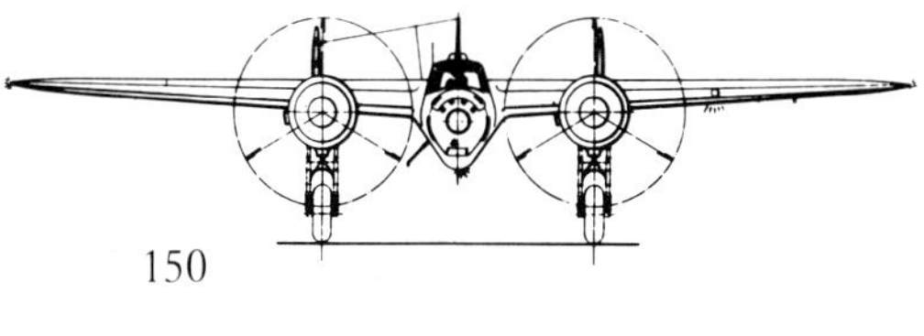

Dornier Do 17 Z-10

Dornier Do 17 Z-7, NJG 2.

Dornier Do 17 Z-10, FuG 202 Lichtenstein BC/O.

FOCKE-WULF Fw 190 A-3

Tiefdecker in Ganzmetallbauweise mit Einziehfahrwerk. A-3 erste Ausführung mit BMW 801 D. Es wurden 509 Stück (Serie 0130) bei Focke-Wulf, AGO, Arado und Fieseler 1941 bis 1943 gebaut. Das Grundmuster A-3 wurde zu verschiedenen Verwendungszwecken umgebaut (U 1 bis U 7). Als Fw 190 Aa-3 mit abgeschwächter Bewaffnung an die Türkei geliefert. Eine Maschine auch nach Japan.

Low-wing monoplane of all-metal construction with retractable landing-gear. A-3 first version with BMW 801 D. 509 aircraft of this series (0130) was built by Focke-Wulf, AGO, Arado and Fieseler 1941 to 1943. The basic type A-3 was modified for different purposes (U1 – U7). Fw 190 Aa-3 with only four MG 17 and two MG/FF delivered to Turkey. One Fw 190 A-3 also to Japan.

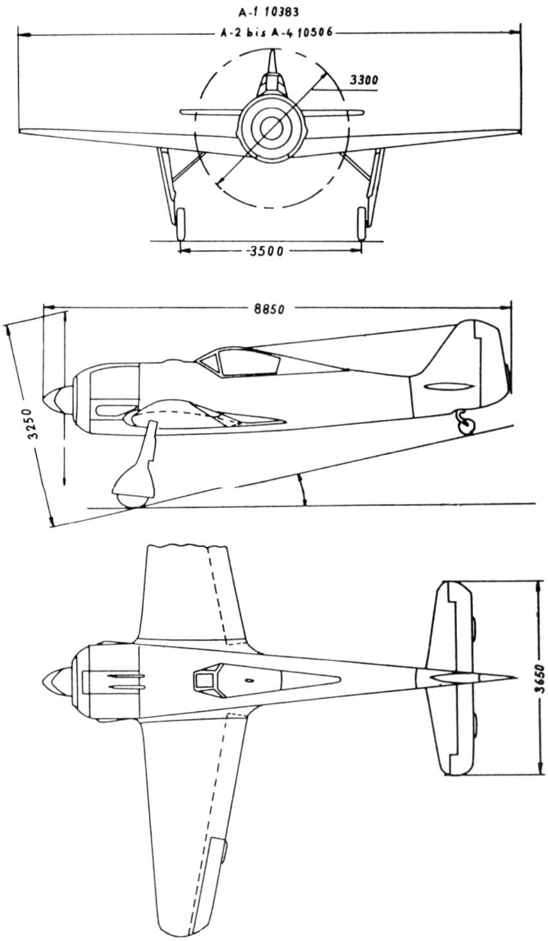

Flugzeugtyp	Focke-Wulf Fw 190 A-3
Baujahr/Built in	1942
Zweck/Purpose	Jäger/Fighter
Besatzung/Crew	1
Triebwerk/Powerplant	BMW 801 D-2
Leistung PS/HP	1.770
Spannweite m/Span m	10,38
Länge m/Length m	8,85
Höhe m/Height m	3,25
Tragfläche qm Wing area qm	18,30
Leergewicht kg Empty weight kg	–
Fluggewicht kg Gross weight kg	–
Höchstgeschwindigkeit km/h Maximal speed km/h	590
Marschgeschwindigkeit km/h Medium speed km/h	525
Landegeschwindigkeit km/h Landing speed km/h	–
Steiggeschwindigkeit min/m Climbs min/m	–
Reichweite km/Range km	1.030
Gipfelhöhe m/Ceiling m	7.500
Bewaffnung/Armament	2 MG/FF, 2 MG 151, 2 MG 17
Ausrüstung/Equipment	FuG VII, FuG 25

Focke-Wulf Fw 190 A-3 W.Nr. 471

Focke-Wulf Fw 190 A-3

JUNKERS Ju 88 C

Nachtjäger und Zerstörer aus A-Serie. C-0/C-1 aus A-1, C-2 bis C-5 aus A-5, C-6 aus A-4. C-6 in Großserie und bereits mit FuG 202 ausgerüstet. C-0 bis C-5 nur bei NJG 2, C-6 bei allen NJG eingesetzt. C-0 bis C-2 1941/42 im Einsatz, C-4 und C-5 bis Herbst 1944. C-6 bis Kriegsende. C-6 auch mit Schrägbewaffnung.

Night fighter and destroyer derived from A-series. C-0/C-1 from A-1, C-2 to C-5, from A-5, C-6 from A-4. C-6 was built in large numbers and already fitted with FuG 202. C-0 to C-5 only at NJG 2, C-6 in action with all NJGs. C-0 to C-2 in action 1941/42, C-4 and C-5 until autumn 1944, C-6 to the end of war. This version had also oblique upward firing armament.

Flugzeugtyp	Junkers Ju 88 C-6	Höchstgeschwindigkeit km/h	
Baujahr/Built in	1941	Maximal speed km/h	500
Zweck/Purpose	Nachtjäger/Nightfighter	Marschgeschwindigkeit km/h	
Besatzung/Crew	3	Medium speed km/h	490
Triebwerk/Powerplant	Jumo 211 J	Landegeschwindigkeit km/h	
Leistung PS/HP	2 x 1.410	Landing speed km/h	145
Spannweite m/Span m	20,08	Steiggeschwindigkeit min/m	
Länge m/Length m	14,96	Climbs min/m	–
Höhe m/Height m	5,07	Reichweite km/Range km	2.950
Tragfläche qm		Gipfelhöhe m/Ceiling m	8.800
Wing area qm	54,70	Bewaffnung/Armament	3 MG 151/20, 3 MG 17, 1 MG 81Z
Leergewicht kg			
Empty weight kg	8.100	Ausrüstung/Equipment	FuG 16 Z, FuG 25a, FuG 202
Fluggewicht kg			
Gross weight kg	11.450		

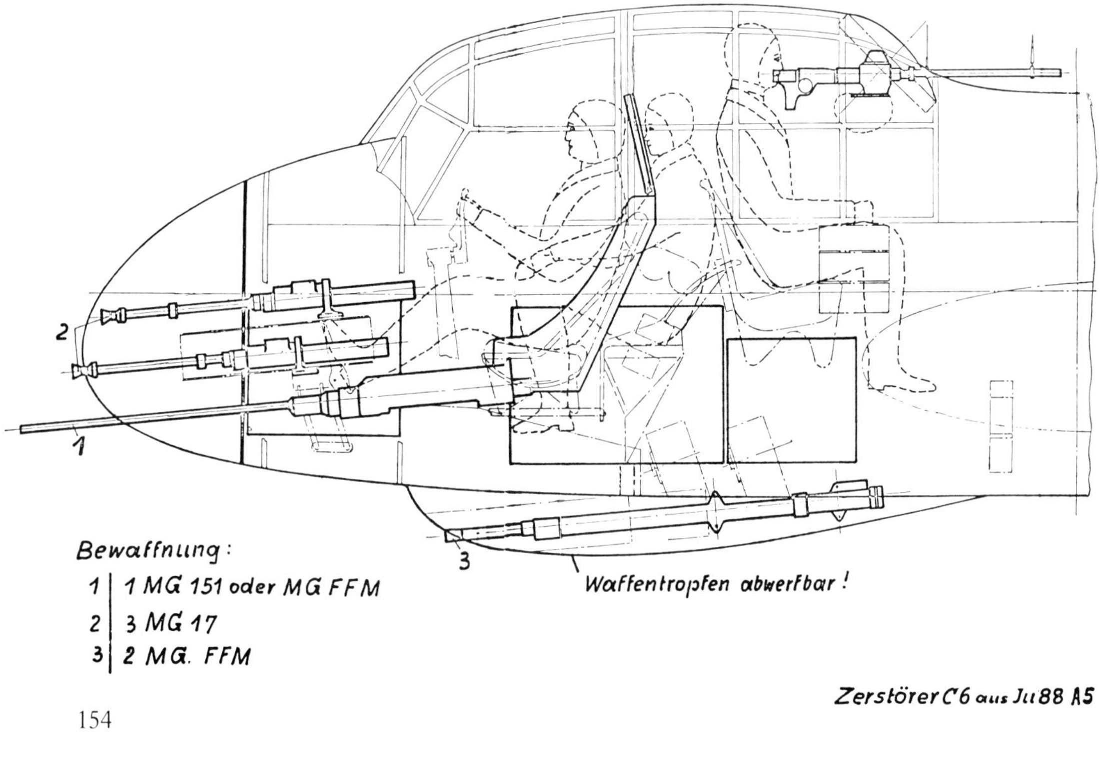

Junkers Ju 88 C-2, I./NJG 2, Afrika 1942.

Junkers Ju 88 C-4, 1./NJG 3.

Junkers Ju 88 C-6, FuG 212.

MESSERSCHMITT Bf 109 F

Die verschiedenen Änderungen von der Bf 109 E zur F wurden an den Musterflugzeugen Bf 109 V 21, V 22, V 23 und V 24 erprobt. Eine Vorserie von zehn Bf 109 F-0 wurde bis Oktober 1940 fertiggestellt. Die ersten Bf 109 F wurden in der Endphase der Luftschlacht um England geflogen. Zum Großeinsatz der F-Serie kam es erst im Rußlandfeldzug, wo sich bald strukturelle Schwächen herausstellten, die zur Sperrung des Musters bei der Luftflotte 2 führten. Bei der Truppe stieß die schwächere Bewaffnung gegenüber der E-Serie auf Widerspruch. Bf 109 F-1 hatte eine Bewaffnung von einem MG/FFM und zwei MG 17, bei F-2 war das MG/FFM durch ein MG 151/15 ersetzt, F-3 hatte ein MG 151/20 und zwei MG 17, F-4 desgleichen. F-5 und F-6 waren Foto-Aufklärer.

The modification from Bf 109 E to F were tested with the Bf 109 V 21, V 22, V 23 and V 24. The pre-production series F-0 was completed by October The first Bf 109 F's were in action in the final phase of the Battle of Britain. Combat in substantial numbers first happened in the Russian Campaign 1941. There were structural weaknesses, which led to it withdrawal by Luftflotte 2. The fighter pilots complained because of the weaker armament compared with the E-series. Bf 109 F-1 had an armament of one MG/FFM and two MG 17, in the F-2 the MG/FFM was replaced by an MG 151/15, in the F-3 by MG 151/20. F-4 was similar to F-3, F-5 and F-6 were reconnaissance fighters.

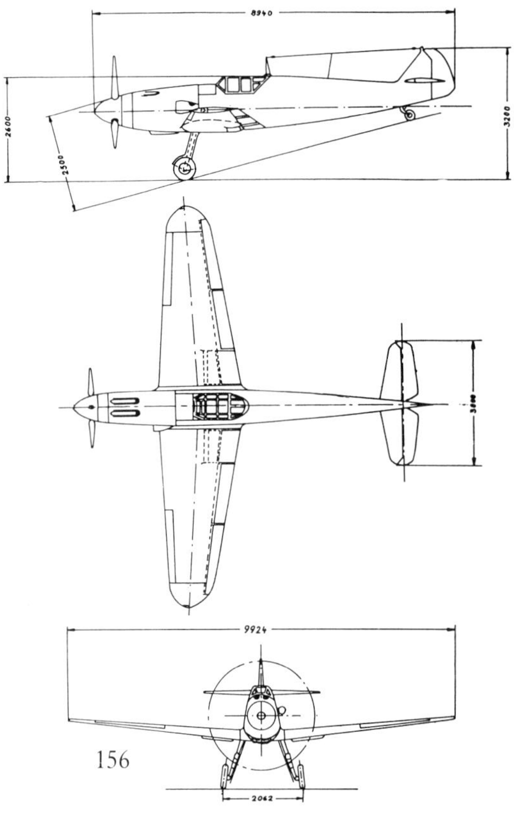

Flugzeugtyp	Messerschmitt Bf 109 F-4
Baujahr/Built in	1940
Zweck/Purpose	Jäger/Fighter
Besatzung/Crew	1
Triebwerk/Powerplant	Daimler-Benz DB 601 E
Leistung PS/HP	1.350
Spannweite m/Span m	9,92
Länge m/Length m	8,94
Höhe m/Height m	2,60
Tragfläche qm Wing area qm	16,20
Leergewicht kg Empty weight kg	2.255
Fluggewicht kg Gross weight kg	2.980
Höchstgeschwindigkeit km/h Maximal speed km/h	635
Marschgeschwindigkeit km/h Medium speed km/h	530
Landegeschwindigkeit km/h Landing speed km/h	130
Steiggeschwindigkeit min/m Climbs min/m	6./6.000
Reichweite km/Range km	650
Gipfelhöhe m/Ceiling m	11.600
Bewaffnung/Armament	1 MG 151/20, 2 MG 17
Ausrüstung/Equipment	FuG Z, FuG 25a

Messerschmitt Bf 109 F-2trop NH+RT, Foggia 1942.

Messerschmitt Bf 109 F-2trop, I./JG 53, Afrika 1942.

Messerschmitt Bf 109 F-4, Major Moelders, JG 51, Wiesbaden 1941.

DORNIER Do 215 B-5 "Kauz 3"

Umbau aus Do 215 B-4. Bugbewaffnung wie Do 17 Z-10, später auf drei MG/FF und drei MG 17 verstärkt. Wurde als erster Nachtjäger mit FuG 202 "Lichtenstein BC" ausgerüstet. Mit der Do 215 B-5, G9+OM erzielte Oberleutnant Ludwig Becker von der II./NJG 1 am 10. August 1941 den ersten Nachtabschuß mit "Lichtenstein"-Ortungsgerät. Einsatz bei NJG 1 und II./NJG 2 von Januar 1941 bis Mai 1944.

Modified Do 215 B-4. Fixed armament like Do 17 Z-10, later increased: 3 MG/FF + 3 MG 17. First German night fighter equipped with FuG 202 "Lichtenstein BC". With Do 215 B-5, G9+OM, First Lt. Ludwig Becker of II./NJG 1 for the first time shot down an enemy bomber at night with "Lichtenstein"-device 10th August 1941. Type was used by NJG 1 and II./NJG 2 from January 1941 to May 1944.

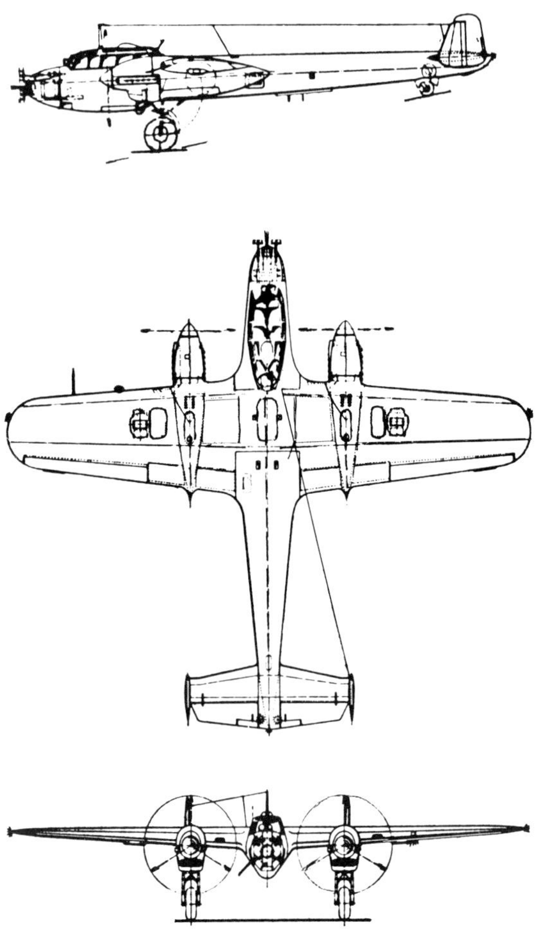

Flugzeugtyp	Dornier Do 215 B-5
Baujahr/Built in	1941–1944
Zweck/Purpose	Nachtjäger/Nightfighter
Besatzung/Crew	3
Triebwerk/Powerplant	Daimler-Benz DB 601 A
Leistung PS/HP	2. x 1.100
Spannweite m/Span m	18,00
Länge m/Length m	15,80
Höhe m/Height m	4,60
Tragfläche qm Wing area qm	55,00
Leergewicht kg Empty weight kg	6.800
Fluggewicht kg Gross weight kg	8.800
Höchstgeschwindigkeit km/h Maximal speed km/h	485
Marschgeschwindigkeit km/h Medium speed km/h	460
Landegeschwindigkeit km/h Landing speed km/h	125
Steiggeschwindigkeit min/m Climbs min/m	13/5.000
Reichweite km/Range km	2.450
Gipfelhöhe m/Ceiling m	8.200
Bewaffnung/Armament	1–3 MG/FF + 3–4 MG 17
Ausrüstung/Equipment	FuG X, FuG 202, FuG 25, Peil GV, FuBl. 1

Dornier Do 215 B-5, FuG 202 Lichtenstein BC.

Dornier Do 215 B-5

DORNIER Do 217 J

Do 217 J-1, Umbau aus Do 217 E, kam im März 1942 zur 4./NJG 1. Enttäuschte wegen unangenehmer Start- und Lande-Eigenschaften und ungenügender Wendigkeit. Erhielt als erster Nachtjäger Schräg-Bewaffnung. Alle J-1 wurden ab 1943 zu Do 217 J-2 durch Einbau FuG 202 umgerüstet. War bis Kriegsende bei Staffeln der NJG 1, 2, 3, 4, 5, 100, 101 und 102 im Einsatz.

Do 217 J-1, modified Do 217 E, was introduced first at 4./NJG 1 in March 1942. Pilots disappointing with the type because of poor quality during start and landing and lack of manoeuvrability. Was at first night fighter fitted with oblique upwards firing MG/FF's. All J-1 were modified in 1943 to Do 217 J-2's by installing FuG 202. This type was in action to the end of WW II with the squadrons of NJGs 1, 2, 3, 4, 5, 100, 101 and 102.

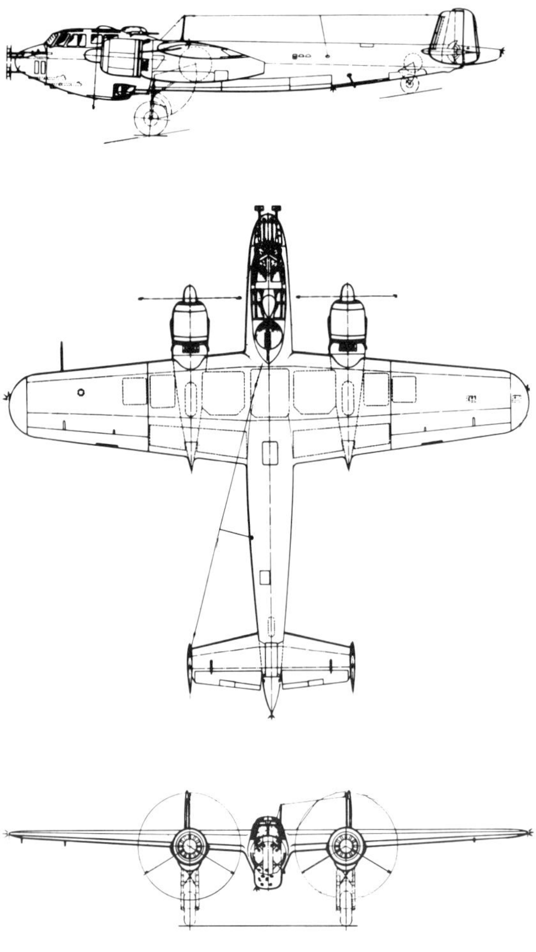

Flugzeugtyp	Dornier Do 217 J
Baujahr/Built in	1941/43
Zweck/Purpose	Nachtjäger/Nightfighter
Besatzung/Crew	4
Triebwerk/Powerplant	BMW 801
Leistung PS/HP	2 x 1.600 PS
Spannweite m/Span m	19,00
Länge m/Length m	18,10
Höhe m/Height m	4,72
Tragfläche qm Wing area qm	56,60
Leergewicht kg Empty weight kg	8.730
Fluggewicht kg Gross weight kg	15.900
Höchstgeschwindigkeit km/h Maximal speed km/h	520
Marschgeschwindigkeit km/h Medium speed km/h	465
Landegeschwindigkeit km/h Landing speed km/h	148
Steiggeschwindigkeit min/m Climbs min/m	35/5.000
Reichweite km/Range km	2.100
Gipfelhöhe m/Ceiling m	5.700
Bewaffnung/Armament	4 MG/FF, 4 MG 17 3 MG 15
Ausrüstung/Equipment	FuG X, FuG 25, FuG 202, Peil GV, Fu Bl. 1

Dornier Do 217 J GE+EA, FuG 202 Lichtenstein BC.

FOCKE-WULF Fw 190 A-5

Abgeleitet aus Fw 190 A-3. Musterflugzeug A-5 Serie: Fw 190 A-3/U 1. Motor vorverlegt. Bewaffnung gegenüber A-3 verstärkt. Es wurden 723 A-5 gebaut, teilweise als Umbauten, teilweise mit Rüstsätzen. Es gab insgesamt 17 Abwandlungen (U 1 bis U 17), die Ausgangsmuster für Weiterentwicklung wurden: Fw 190 F-2, G-2, A-6, A-7, A-8 und F-8.

Derived from Fw 190 A-3. Prototype A-5 was Fw 190 A-3/U1. Engine moved forwards. Armament increased. 723 Fw 190 A-5 were built, many of them modified (U1 – U17), some also with special equipment (R 1, R 6). The modified A-5's became prototype of further series: Fw 190 F-2, G-2, A-6, A-7, A-8 and F-8.

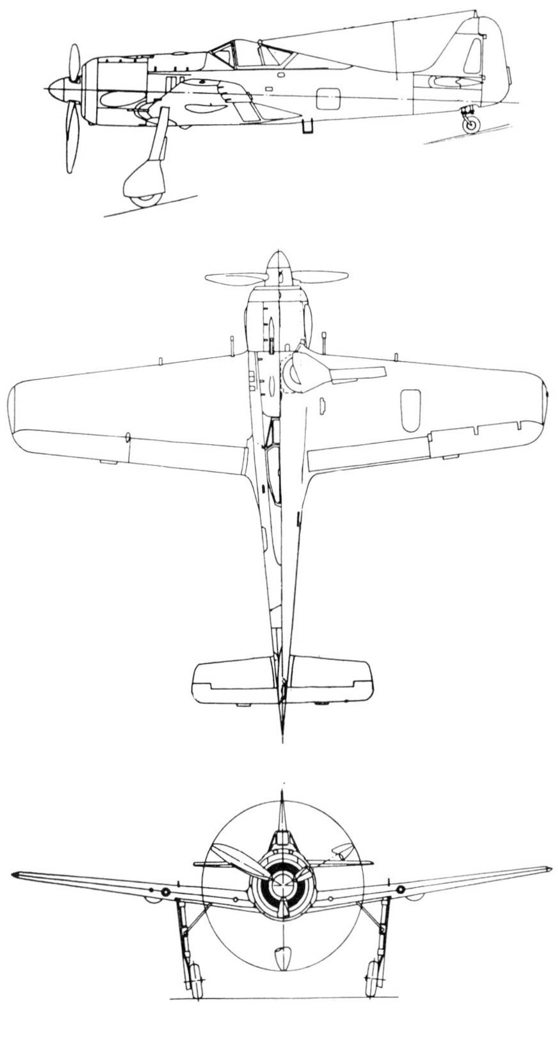

Flugzeugtyp	Focke-Wulf Fw 190 A-5
Baujahr/Built in	1942/43
Zweck/Purpose	Jäger/Fighter
Besatzung/Crew	1
Triebwerk/Powerplant	BMW 801 D-2
Leistung PS/HP	1.770
Spannweite m/Span m	10,38
Länge m/Length m	8,95
Höhe m/Height m	3,15
Tragfläche qm Wing area qm	18,30
Leergewicht kg Empty weight kg	3.141
Fluggewicht kg Gross weight kg	3.855
Höchstgeschwindigkeit km/h Maximal speed km/h	656
Marschgeschwindigkeit km/h Medium speed km/h	575
Landegeschwindigkeit km/h Landing speed km/h	125
Steiggeschwindigkeit min/m Climbs min/m	12,5/8.000
Reichweite km/Range km	1.500
Gipfelhöhe m/Ceiling m	10.500
Bewaffnung/Armament	2 MG/FF, 2 MG 151, 2 MG 17
Ausrüstung/Equipment	FuG 16Z, FuG 25

Focke-Wulf Fw 190 A-5, I./JG 54

Focke-Wulf Fw 190 A-5/U12 (Prototyp A-7/R1) W.Nr. 813

Focke-Wulf Fw 190 A-5/U8

HEINKEL He 219

Entwurf Siegfried Günter. Zweimotoriger Schulterdecker mit Doppel-Leitwerk und einziehbarem Bugradfahrwerk in Ganzmetallbauweise. Erstflug He 219 V 1 November 1942. Nur V-Muster, zahlreiche He 219 A-0 und einzelne He 219 B und C, insgesamt nicht mehr als 274 He 219 gebaut. Im Einsatz bei NJG 1 und NJGr. 10, sowie NJSt. Finnland.

Design: Siegfried Günter. Twin-engined all-metal shoulder-wing monoplane with double tail and retractable nose-wheel landing gear. First flight He 219 V 1 in November 1942. Only experimentals, numerous He 219 A-0 and single B and C were built, altogether 274 aircraft. He 219 was in action at NJG 1 and NJGr. 10 and NJSt. Finland.

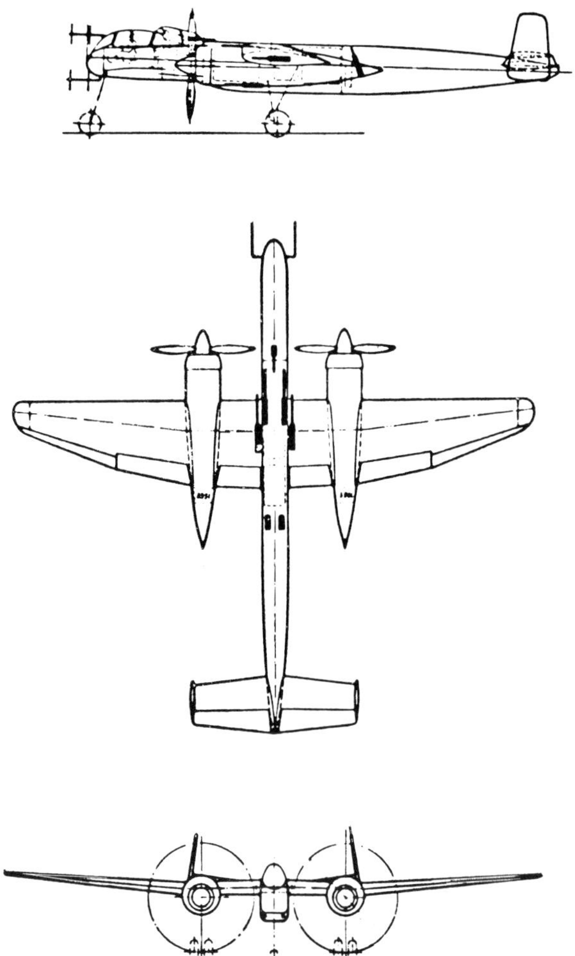

Flugzeugtyp	Heinkel He 219 A-0
Baujahr/Built in	1943
Zweck/Purpose	Nachtjäger/Nightfighter
Besatzung/Crew	2
Triebwerk/Powerplant	DB 603 A
Leistung PS/HP	2 x 1.750
Spannweite m/Span m	22,40
Länge m/Length m	15,85
Höhe m/Height m	5,74
Tragfläche qm Wing area qm	55,50
Leergewicht kg Empty weight kg	8.940
Fluggewicht kg Gross weight kg	14.200
Höchstgeschwindigkeit km/h Maximal speed km/h	670
Marschgeschwindigkeit km/h Medium speed km/h	605
Landegeschwindigkeit km/h Landing speed km/h	172
Steiggeschwindigkeit min/m Climbs min/m	–
Reichweite km/Range km	2.400
Gipfelhöhe m/Ceiling m	11.800
Bewaffnung/Armament	6 MG 151/20, 2 MK 108 schräg
Ausrüstung/Equipment	FuG 16 ZY, FuG 25, FuG 212, FuG 220

Heinkel He 219 V 1 VG+LW

Heinkel He 219 A-0, FuG 212 + FuG 220.

Heinkel He 219 A-016, FuG 212 + FuG 220.

HEINKEL He 280

Konstruktion: Woldemar Voigt. Erstes deutsches Jagd-Flugzeug mit Strahlantrieb. Zweistrahliger Ganzmetall-Tiefdecker mit Doppelleitwerk und Bugradfahrwerk. Musterflugzeug He 280 V 1. Erstflug 22. September 1940 und Totalbruch 13. Januar 1943. Es wurden nur acht Musterflugzeuge V 1 bis V 8 gebaut, dann wurde Entwicklung zugunsten Me 262 abgebrochen.

Design: Woldemar Voigt. First German jet fighter. All-metal low-wing monoplane with two turbojets, double tail and nose-wheel landing gear. Prototype first flew on 22nd September 1940 and crashed on 13th January 1943. Only eight experimental planes, V 1 to V 8 built. Development stopped in favour of Me 262.

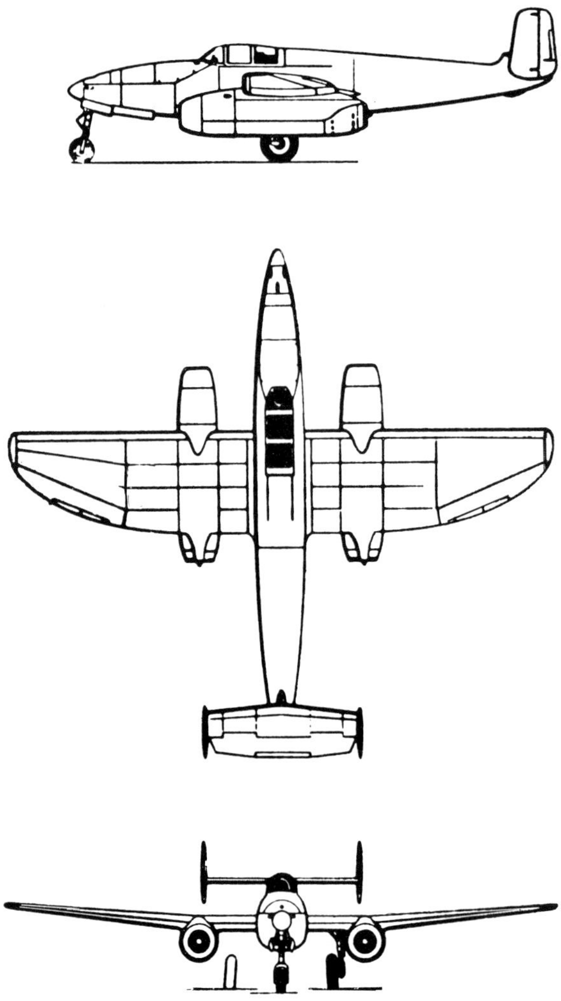

Flugzeugtyp	Heinkel He 280 V 5
Baujahr/Built in	1943
Zweck/Purpose	Versuchs-Jäger/ Experimental fighter
Besatzung/Crew	1
Triebwerk/Powerplant	Heinkel He S 8A
Leistung kp	2 x 750
Spannweite m/Span m	12,20
Länge m/Length m	10,40
Höhe m/Height m	3,06
Tragfläche qm Wing area qm	21,50
Leergewicht kg Empty weight kg	3.055
Fluggewicht kg Gross weight kg	4.300
Höchstgeschwindigkeit km/h Maximal speed km/h	820
Marschgeschwindigkeit km/h Medium speed km/h	–
Landegeschwindigkeit km/h Landing speed km/h	140
Steiggeschwindigkeit min/m Climbs min/m	19,10
Reichweite km/Range km	970
Gipfelhöhe m/Ceiling m	11.500
Bewaffnung/Armament	3 MG 151/20
Ausrüstung/Equipment	FuG X, FuG 25

Heinkel He 280 V 1

Heinkel He 280 V 3 GJ+CB

Heinkel He 280 V 7 NU+EB

JUNKERS Ju 88 R-2

Nachtjäger ähnlich Ju 88 C-6. Behelfslösung zur Leistungssteigerung der C-6 und deshalb mit BMW 801 ausgerüstet. Schwierig zu fliegen, da Leitwerk für Triebwerk zu klein. Kam im Herbst 1942 bei verschiedenen NJG zum Einsatz und flog bis Herbst 1944. Wurde durch Ju 88 G-Serien ersetzt.

Night fighter similar to Ju 88 C-6. As a temporary solution for better performance than the C-6, it was fitted with BMW 801. Difficult to fly, because of small tail-unit. Was in action with different NJG.s from autumn 1942 and retained until autumn 1944. Replaced by G-series.

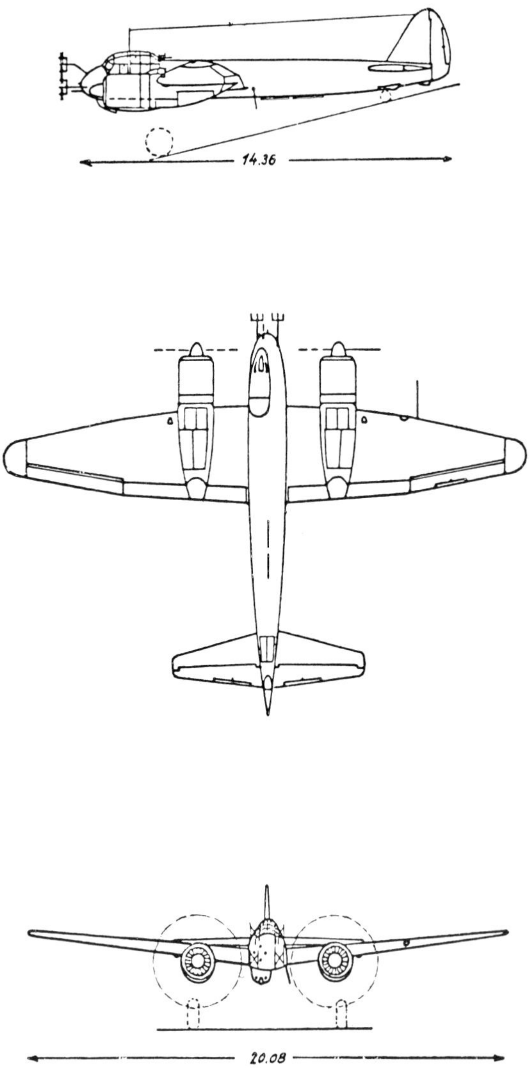

Flugzeugtyp	Junkers Ju 88 R-2
Baujahr/Built in	1942
Zweck/Purpose	Nachtjäger/Nightfighter
Besatzung/Crew	3
Triebwerk/Powerplant	BMW 801 D-2
Leistung PS/HP	2 x 1.700
Spannweite m/Span m	20,08
Länge m/Length m	14,96
Höhe m/Height m	5,07
Tragfläche qm Wing area qm	54,70
Leergewicht kg Empty weight kg	–
Fluggewicht kg Gross weight kg	11.500
Höchstgeschwindigkeit km/h Maximal speed km/h	580
Marschgeschwindigkeit km/h Medium speed km/h	510
Landegeschwindigkeit km/h Landing speed km/h	160
Steiggeschwindigkeit min/m Climbs min/m	–
Reichweite km/Range km	3.000
Gipfelhöhe m/Ceiling m	9.200
Bewaffnung/Armament	4 MG 151/20, 1 MG 81Z
Ausrüstung/Equipment	FuG 16 ZY, FuG 25a, FuG 101, FuG 212

Junkers Ju 88 R-2, FuG 202, NJG 3.

Junkers Ju 88 R-2, London 1948.

Junkers Ju 88 R-2

JUNKERS Ju 88 G-1

Weiterentwicklung der Ju 88 R-2 mit gleichem Triebwerk, aber Leitwerk der Ju 188. Große Bodenwanne der A- und C-Serien durch Waffenwanne ersetzt. Musterflugzeug Ju 88 V 58, GI+BW, Erstflug Juni 1943. Wurde serienmäßig mit FuG 220 "Lichtenstein SN 2" und FuG 350 "Naxos Z" ausgerüstet. Schrägbewaffnung ebenfalls serienmäßig eingebaut. Bei fast allen NJG im Einsatz.

Development of the Ju 88 R-2 with the same engine, but tail-unit of Ju 188. The large bulge under fuselage of Ju 88 A and C replaced by a fairing with armament. Prototype Ju 88 V 58, GI+BW, first flight June 1943. All planes fitted with FuG 220 "Lichtenstein SN 2" and FuG 350 "Naxos Z" and oblique upward firing armament.

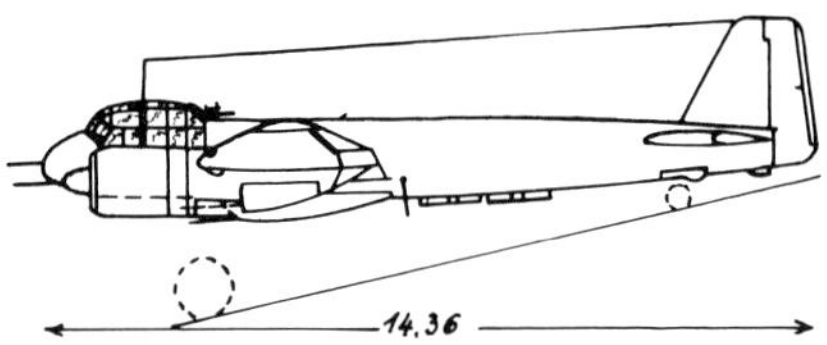

Flugzeugtyp	Junkers Ju 88 G-1
Baujahr/Built in	1944
Zweck/Purpose	Nachtjäger/Nightfighter
Besatzung/Crew	3
Triebwerk/Powerplant	BMW 801 D-2
Leistung PS/HP	2 x 1.700
Spannweite m/Span m	20,08
Länge m/Length m	15,50
Höhe m/Height m	5,07
Tragfläche qm Wing area qm	54,70
Leergewicht kg Empty weight kg	–
Fluggewicht kg Gross weight kg	12.100
Höchstgeschwindigkeit km/h Maximal speed km/h	540
Marschgeschwindigkeit km/h Medium speed km/h	480
Landegeschwindigkeit km/h Landing speed km/h	165
Steiggeschwindigkeit min/m Climbs min/m	–
Reichweite km/Range km	2.800
Gipfelhöhe m/Ceiling m	9.400
Bewaffnung/Armament	6 MG 151/20, 1 MG 31
Ausrüstung/Equipment	FuG 16 ZY, FuG 220, FuG 101a, FuG 227

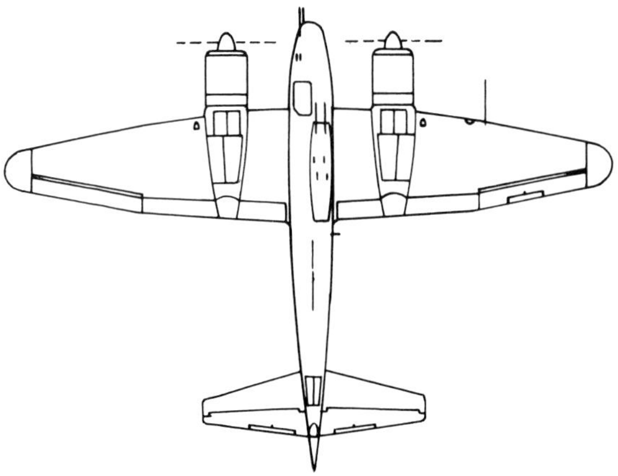

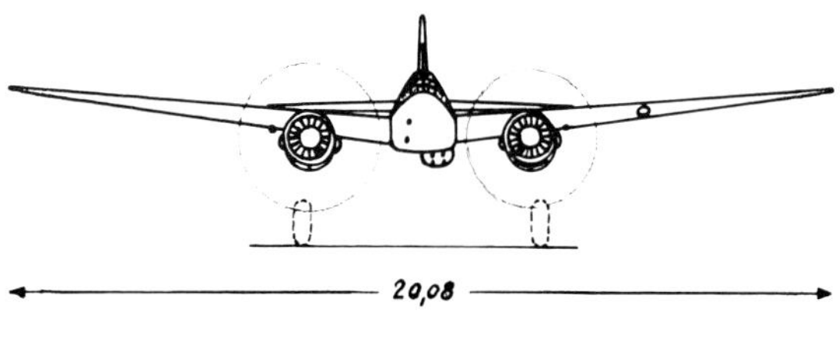

Junkers Ju 88 V 58 (Prototyp Ju 88 G-1).

Junkers Ju 88 G-1 D9+NL, IV./NJG 2, Bulltofta 6. Oktober 1944.

LIPPISCH Me 163

Erster und einziger Jagdeinsitzer mit Raketenantrieb. Entwickelt aus dem Versuchseinsitzer DFS 194. Gefährliches Gerät, da wegen des Treibstoffs starke Explosionsgefahr bei Start und Landung. Ersteinsatz 28. Juli 1944 gegen B-17-Verband. Einsatz bei der I./JG 400 und 2./JG 400. Weiterentwicklung bei Junkers zur Ju 248/Me 263, nur ein bis zwei Stück gebaut. Me 163 insgesamt 350 Stück gebaut.

First and unique single-seat fighter with rocket-engine. Developed from experimental DFS 194. Dangerous aircraft, as there was danger of explosion during take-off and landing due to highly volatile propellant. First action 28th July 1944 against B-17 Group. In service with I./JG 400 and 2./JG 400. Further development at Junkers to Ju 248/Me 263. Of these only two built. 350 Me 163's were produced by end of war.

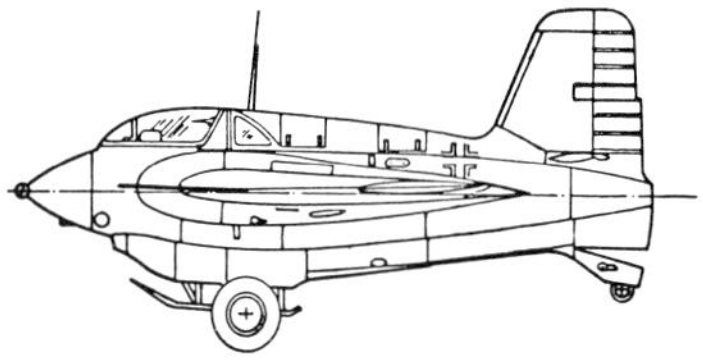

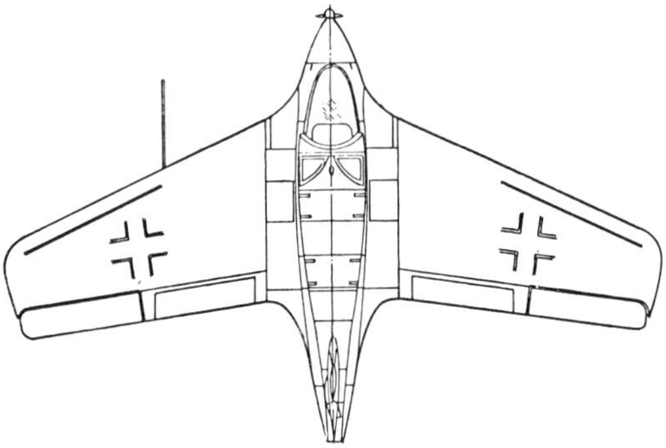

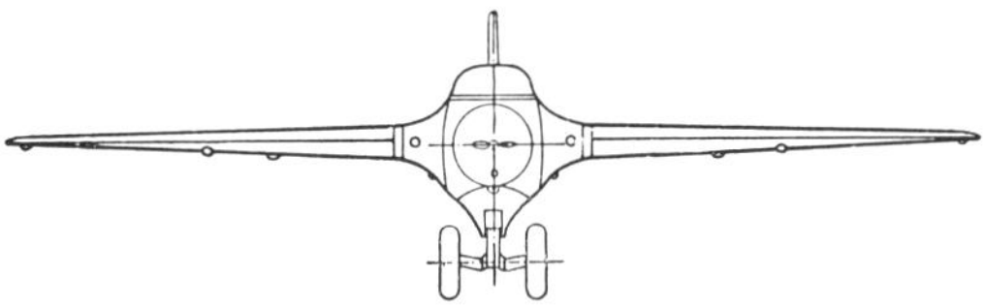

Flugzeugtyp	Lippisch Me 163 B
Baujahr/Built in	1943
Zweck/Purpose	Raketenjäger/Interceptor
Besatzung/Crew	1
Triebwerk/Powerplant	Walter HWK 509 A-2
Leistung kp	1.700
Spannweite m/Span m	9,33
Länge m/Length m	5,60
Höhe m/Height m	2,98
Tragfläche qm Wing area qm	19,60
Leergewicht kg Empty weight kg	1.980
Fluggewicht kg Gross weight kg	4.315
Höchstgeschwindigkeit km/h Maximal speed km/h	880
Marschgeschwindigkeit km/h Medium speed km/h	–
Landegeschwindigkeit km/h Landing speed km/h	170
Steiggeschwindigkeit min/m Climbs min/m	2,6/9.150
Reichweite km/Range km	100
Gipfelhöhe m/Ceiling m	15.200
Bewaffnung/Armament	2 MK 108
Ausrüstung/Equipment	FuG VII, FuG 25a

Lippisch Me 163 V 2 KE+SW

Lippisch Me 163 V 2 KE+SW, Start.

Lippisch Me 163 A + R4M

MESSERSCHMITT Bf 109 G-6

Dies war die meistgebaute Version der G-Serie und wurde von Herbst 1942 bis Frühjahr 1944 hergestellt. Durch Einbau von zahlreichen Umbau- und Rüstsätzen wurde sie für die verschiedensten Zwecke hergerichtet, worunter aber die Leistungen erheblich litten. Man versuchte dies durch Einbau von GM-1- oder MW 50-Einspritzanlagen zu verbessern. Hierunter litt wieder die Reichweite. Die Bf 109 G-6 war noch bis Kriegsende im Einsatz.

This was the most-produced version of all G-series and was built from autumn 1942 to spring 1944. By different modifications the G-6 was available for various purposes. However these modifications reduced performance. Attempts were made to improve this by installing GM-1 and MW 50 injection devices, but this reduced the range of the Bf 110 G further. Many Bf 109 G-6's were in action until the end of the war.

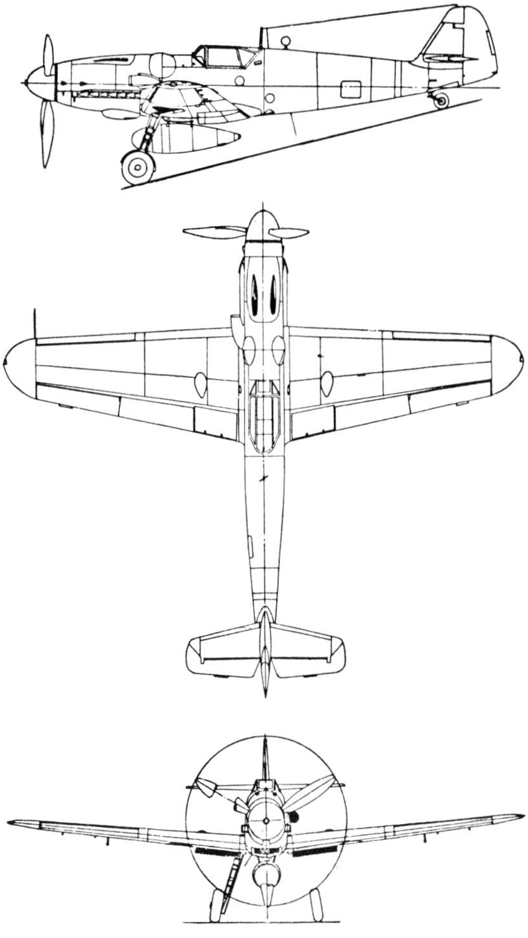

Flugzeugtyp	Messerschmitt Bf 109 G-6
Baujahr/Built in	194
Zweck/Purpose	Jäger/Fighter
Besatzung/Crew	1
Triebwerk/Powerplant	Daimler-Benz DB 605A
Leistung PS/HP	1.475
Spannweite m/Span m	9,92
Länge m/Length m	8,94
Höhe m/Height m	2,60
Tragfläche qm Wing area qm	16,02
Leergewicht kg Empty weight kg	2.680
Fluggewicht kg Gross weight kg	3.200
Höchstgeschwindigkeit km/h Maximal speed km/h	630
Marschgeschwindigkeit km/h Medium speed km/h	520
Landegeschwindigkeit km/h Landing speed km/h	140
Steiggeschwindigkeit min/m Climbs min/m	10,5/8.400
Reichweite km/Range km	650
Gipfelhöhe m/Ceiling m	12.100
Bewaffnung/Armament	1 MG 151/20, 2 MG 131
Ausrüstung/Equipment	FuG VII, FuG 16 ZY, FuG 25a

Messerschmitt Bf 109 G-6

Messerschmitt Bf 109 G-6 RU+OZ, 29. März 1944, Samedan (Schweiz).

Messerschmitt Bf 109 G-6, II./JG 51.

MESSERSCHMITT Bf 110 G-4

Während die Bf 110 G-2, die im Gegensatz zu den vorhergehenden Baureihen bereits mit DB 605-Motoren ausgerüstet war, noch keine Nachtjagdausrüstung besaß, hatte die Bf 110 G-4 FuG 202, 212, 218 und 220 und wurde in großer Zahl bei allen Nachtjagdverbänden eingesetzt. Durch den Einbau von Rüstsätzen entstanden verschiedene Versionen, die zum Teil mit Schrägbewaffnung, zum Teil aber auch mit zusätzlichen Waffenwannen unter dem Rumpf mit maximal sechs MK und MG bestückt waren. Alle Bf 110 G-4 waren bis Kriegsende im Einsatz.

The Bf 110 G-2, already fitted with DB 605-engines, did not yet have any radar equipment. Its successor, the Bf 110 G-4, which was in action at almost with all night-fighter units in substantial numbers, had FuG 202, 212, 218 and 220. There were different versions of the G-4, with either oblique upward firing weapons or fairings under fuselage with a maximum of six cannons or MG's. All Bf 110 G-4s were in action to the end of the war.

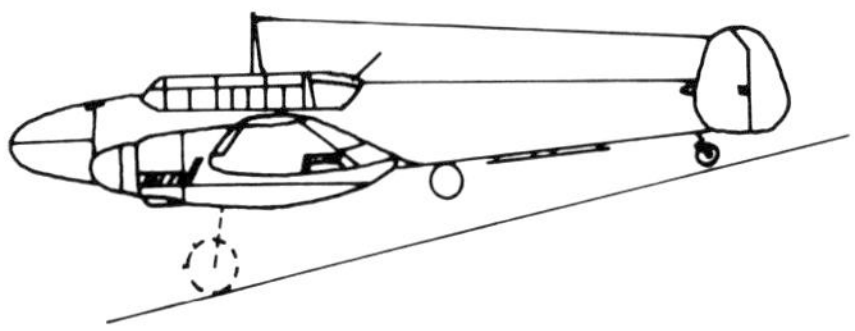

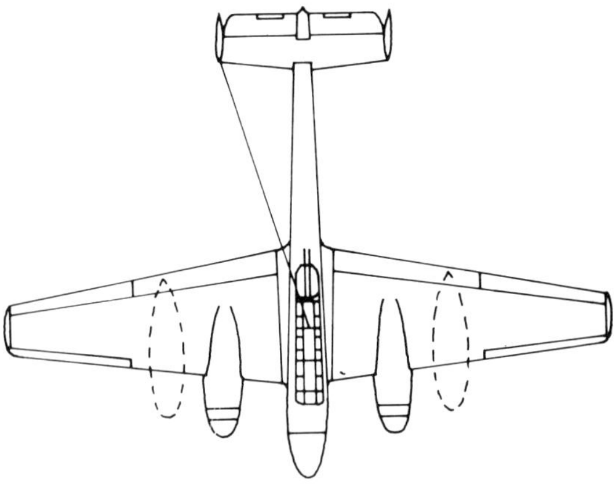

Flugzeugtyp	Messerschmitt Bf 110 G-4
Baujahr/Built in	1943
Zweck/Purpose	Nachtjäger/Nightfighter
Besatzung/Crew	3
Triebwerk/Powerplant	Daimler-Benz DB 605 B
Leistung PS/HP	2 x 1.475
Spannweite m/Span m	16,20
Länge m/Length m	12,30
Höhe m/Height m	4,12
Tragfläche qm Wing area qm	38,50
Leergewicht kg Empty weight kg	5.095
Fluggewicht kg Gross weight kg	9.390
Höchstgeschwindigkeit km/h Maximal speed km/h	550 in 7.000 m Höhe
Marschgeschwindigkeit km/h Medium speed km/h	450
Landegeschwindigkeit km/h Landing speed km/h	150
Steiggeschwindigkeit min/m Climbs min/m	6,9/6.000
Reichweite km/Range km	900 – 1.300
Gipfelhöhe m/Ceiling m	8.000
Bewaffnung/Armament	2 MK 108, 2 MH 151/20, 1 MG 81 Z, z. T. 2 MG 151/20 schräg
Ausrüstung/Equipment	FuG XP, FuG 16 ZY, FuG 202, FuG 212, FuG 218, FuG 220

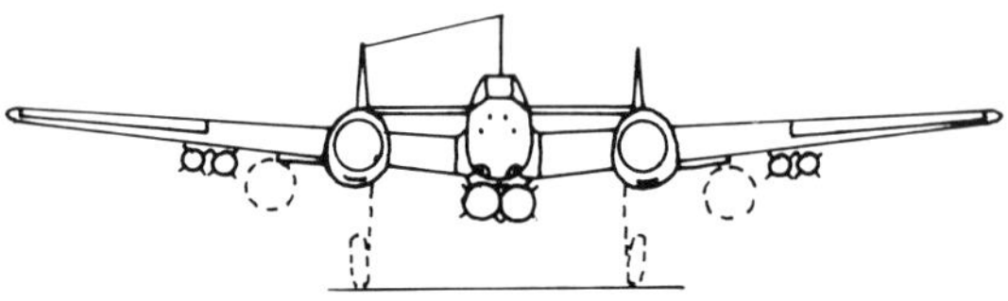

Messerschmitt Bf 110 G-4/U8, 9./NJG 3.

Messerschmitt Bf 110 G-4b/R3, NJG 5.

Messerschmitt Bf 110 G-4, 6./NJG 6, März 1944.

DAS ENDE DER DEUTSCHEN JAGDWAFFE 1944 BIS 1945

Die Überlegenheit der gegnerischen Luftverbände führte zu Verlusten der deutschen Jäger, die praktisch nicht mehr zu ersetzen waren. Allein im Januar 1944 verlor die deutsche Luftwaffe 1.115 Jäger! Die Landung der Amerikaner in Mittelitalien am 22. Januar 1944 führte dazu, daß die XV. USAAF ab April von italienischen Flughäfen den gesamten südöstlichen Teil Deutschlands angreifen konnte. Dazu kam die Einführung des amerikanischen Langstreckenjägers North American P-51, durch den die US-Bomberverbände das gesamte Reichsgebiet mit Jagdschutz überfliegen konnten. Die Bf 109 wurde in immer neuen Modifikationen der G-Serie bis zur G-16 an die Front gebracht. Anfang Januar 1945 folgte noch die K-Serie, die aber nur noch in kleinen Stückzahlen an die Front kam. Die "Big Week" vom 20. bis 25. Februar 1944 führte zu weiteren Zerstörungen der deutschen Flugzeugindustrie. Systematisch wurden die deutschen Treibstoffwerke zerschlagen. Die Nachtjäger mußten immer noch mit den langsamen Bf 110 G-4 fliegen, denen die neuen Nachtjäger JG 88 G-1, G-6 nur wenig überlegen waren. Die Fw 190 D-9, eine Behelfslösung mit Jumo 213, einen ursprünglich für Bomber bestimmten Triebwerk, erwies sich als bester deutscher Jäger des Jahres 1944. Die Nachfolgetypen Ta 152 C und H kamen ab September 1944 noch in geringer Stückzahl zum Einsatz. Der Höhenjäger Bv 155 und der überlegene zweimotorige Jagdeinsitzer Do 335 kamen kaum noch zur Truppe. Der Nachtjäger Ta 154 blieb im Versuchsstadium, ebenso wie der Nurflügel-Strahljäger Horten Ho 229. Der Strahljäger He 280 flog nur noch als Versuchsträger. Die Me 262 sollte zuerst auf Hitlers Befehl nur als Bomber gebaut werden. Trotzdem flog sie beim Einsatzkommando Me 262 im August 1944 die ersten erfolgreichen Jagdeinsätze. Ab Juli 1944 flogen Piloten der III./KG 51 sich auf dem Me 262-Jagdbomber ein. Das im September 1944 aufgestellte Me 262-Kommando Nowotny führte im November 1944 zur Aufstellung des JG 7. Nach der Revolte der Jagdflieger wurde dann aus den meuternden Jägerkommandeuren unter Gallands Führung der Jagdverband (JV) 44 gebildet. Anfang 1945 wurde dann noch das JG 1 mit dem "Volksjäger" Heinkel He 162 ausgerüstet. Es nutzte alles nichts. Aus Jägern waren Gejagte geworden. Im Februar verfügte die "Reichsverteidigung" noch über 1.223 Flugzeuge. Allein während der letzten deutschen Offensive in den Ardennen vom 16. bis 24. Dezember 1944 gingen 1.088 deutsche Jäger verloren. Noch einmal raffte sich die Jagdwaffe zu einer letzten Kraftanstrengung auf. 1.035 deutsche Jäger und Jagdbomber griffen alliierte Flugplätze im Westen an. 277 deutsche Jäger gingen verloren, zwei Drittel durch eigene Flakartillerie, die von der Aktion nicht informiert worden war. Die wenigen noch intakten Gruppen und Staffeln wurden von einem Flugplatz zum anderen gehetzt, bis dann die wenigen noch einsatzfähigen deutschen Jäger nach der Kapitulation am 5. Mai 1945 den alliierten Truppen übergeben werden mußten. Aber der größte Teil der deutschen Jäger lag in Trümmern auf den ehemaligen Flugplätzen in ganz Europa. Seitdem gibt es keine deutsche Jagdflugzeuge mehr.

The Luftwaffe's losses increased daily. In January 1944, the Luftwaffe lost some 1,155 fighters which could not be replaced. The introduction of the North American P-51 made it almost impossible for the German fighters to attack the American bomber fleets. New marks of the Bf 109, the G-10 to G-16 and the K series hardly improved the situation. The Fw 190 D-9 with the Jumo 213 bomber engine was an excellent fighter aircraft, but the factory was bombed and large numbers were never built. Only a dozen or so Ta 152, a brilliant aircraft were built. The jet fighter Me 262 was not used as Hitler ordered it to be built as a bomber, not a fighter. The He 280 was stopped in favour of the Me 262. The Heinkel He 162 was developed and built in a few weeks, but it came too late. On 1st January 1945, the Luftwaffe once again tried to beat the allied air power. 1,035 German fighters and fighter-bombers attacked allied airfields in the west. It was a disaster – 277 German planes were shot down by their own anti-aircraft artillery. Nobody had told them about the action. On 5th May 1945, most of Germany's fighter planes lay destroyed on former German airfields all over Europe. The rest surrendered to the allied forces.

Das Ende der Luftwaffe 1945: Flugplatz Karup-Grove in Dänemark.

BACHEM Ba 349

Konstruktion Erich Bachem und H. Bethbeder. Abfangjäger als Verlustgerät. Kombination zwischen Flugzeug und Geschoß. Freitragender Mitteldecker. Reine Holzkonstruktion. Panzerplatten vor und hinter dem Führersitz und Panzerglas in Frontscheibe. Rumpfbug als Raketenbatterie ausgebildet. Kein Fahrwerk, da Abschuß aus Startgerüst erfolgte und Landung des Piloten per Fallschirm erfolgen sollte. Erster Start einer unbemannten Ba 349 am 25. Februar 1945. Erster bemannter Start Ende Februar endete mit Tod des Piloten. Es wurden 36 Maschinen gebaut. 22 Versuchsstarts fanden bis April 1945 statt, davon vier mit Pilot. Vier Geräte fielen in alliierte Hände.

Design: Erich Bachem and H. Bethbeder. Single-seat semi-expendable rocket-propelled interceptor fighter. Cantilever mid-wing mono-plane. Purely wooden construction. Armour plates in front and behind pilot's seat and armoured front window. Nose built as rocket-battery. No landing gear as start was made by vertical launching ramp. Landing of pilot by parachute. First start of Ba 349 without pilot 25th February 1945. First manned take-off ended with death of pilot. 36 aircraft were built. Until April 1945, 22 experimental take-offs, four of them with pilot. Four Ba 349 fell in allied hands.

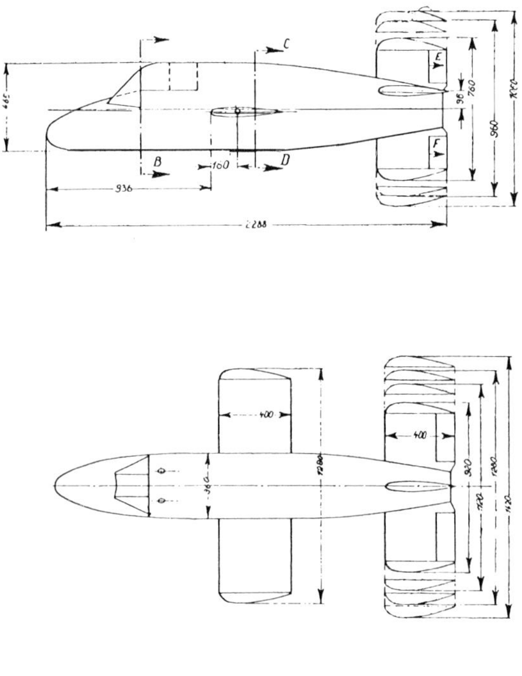

Flugzeugtyp	Bachem Ba 349
Baujahr/Built in	1943/44
Zweck/Purpose	Objektschutzjäger Interceptor
Besatzung/Crew	1
Triebwerk/Powerplant	Walter 109-509A + RATO
Leistung PS/HP	1.700 + 4 x 500 kp
Spannweite m/Span m	1,28
Länge m/Length m	2,29
Höhe m/Height m	1,06
Tragfläche qm Wing area qm	–
Leergewicht kg Empty weight kg	–
Fluggewicht kg Gross weight kg	2.200
Höchstgeschwindigkeit km/h Maximal speed km/h	1.000
Marschgeschwindigkeit km/h Medium speed km/h	–
Landegeschwindigkeit km/h Landing speed km/h	–
Steiggeschwindigkeit min/m Climbs min/m	1/11.400
Reichweite km/Range km	–
Gipfelhöhe m/Ceiling m	11.400
Bewaffnung/Armament	34 x R4M oder 24 x Föhn
Ausrüstung/Equipment	–

Bachem Ba 349 A, Farnborough 1946.

Bachem Ba 349 A

Bachem Ba 349 B, US-Beute 1945.

BLOHM & VOSS Bv 155

Ursprünglich Messerschmitt-Entwurf für ein Träger-Jagdflugzeug. Dann auf Forderung des RLM Umkonstruktion zum Höhenjäger. 1943 Übertragung der Entwicklung an Blohm & Voss. Konstrukteur Dr. Richard Vogt. Freitragender Tiefdecker in Ganzmetallbauweise. Verwendung von Teilen der Bf 109 G. Flügelprofil von erbeuteten US-Jägern P-51 übernommen. Fahrwerk: geänderte Ju 87 D-6 Federbeine. Große Flächenkühler, bei V 4 durch Tunnelkühler unter Motor ersetzt. Erstflug Bv 155 V 1 1. September 1944, Bv 155 V 2 stark geändert, Erstflug 8. Februar 1945. Machte nach wenigen Versuchsflügen Bruchlandung mit Überschlag. Bv 155 V 3 war noch nicht fertig, als das Werk im Mai 1945 von den Engländern besetzt wurde. Auch Bv 155 V 4 wurde nicht mehr fertig.

Originally Messerschmitt design for a carrier-fighter. On request of the Air Ministry new design as high-altitude-fighter. 1943 transfer of development to Blohm & Voss. Design now Dr. Richard Vogt. Cantilever all-metal mid-wing monoplane. Components of Bf 109 G were used. Wing profile was taken from captured American P-51's. Landing gear modified Ju 87 D-6 legs. Large wing-coolers, at Bv 155 V 4 replaced by tunnel-cooler under engine. Maiden flight Bv 155 V 1, 1st September 1944. Bv 155 V 2 with many modifications took off for the first time on 8th February 1945, but crashed with wheels up some days later. Bv 155 V 3 was not yet completed, when British forces captured it in May 1945 in the factory. Bv 155 V 4 was also not completed.

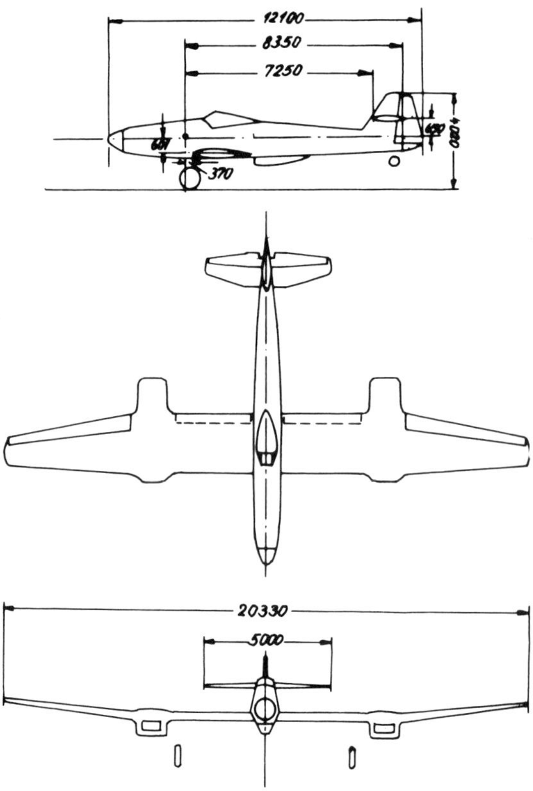

Flugzeugtyp	Blohm & Voss Bv 155 B
Baujahr/Built in	1943/44
Zweck/Purpose	Höhenjäger High-altitude-fighter
Besatzung/Crew	1
Triebwerk/Powerplant	Daimler-Benz DB 603 + TKL 15
Leistung PS/HP	1.750
Spannweite m/Span m	20,50
Länge m/Length m	12,00
Höhe m/Height m	3,18
Tragfläche qm Wing area qm	41,50
Leergewicht kg Empty weight kg	4.869
Fluggewicht kg Gross weight kg	5.521
Höchstgeschwindigkeit km/h Maximal speed km/h	690 in 16 km Höhe
Marschgeschwindigkeit km/h Medium speed km/h	645 in 16 km Höhe
Landegeschwindigkeit km/h Landing speed km/h	135
Steiggeschwindigkeit min/m Climbs min/m	40,5/16.950
Reichweite km/Range km	1.440
Gipfelhöhe m/Ceiling m	16.950
Bewaffnung/Armament	1 MK 108 + 2 MG 151/20
Ausrüstung/Equipment	FuG 16 Z

Blohm & Voss Bv 155 V 3

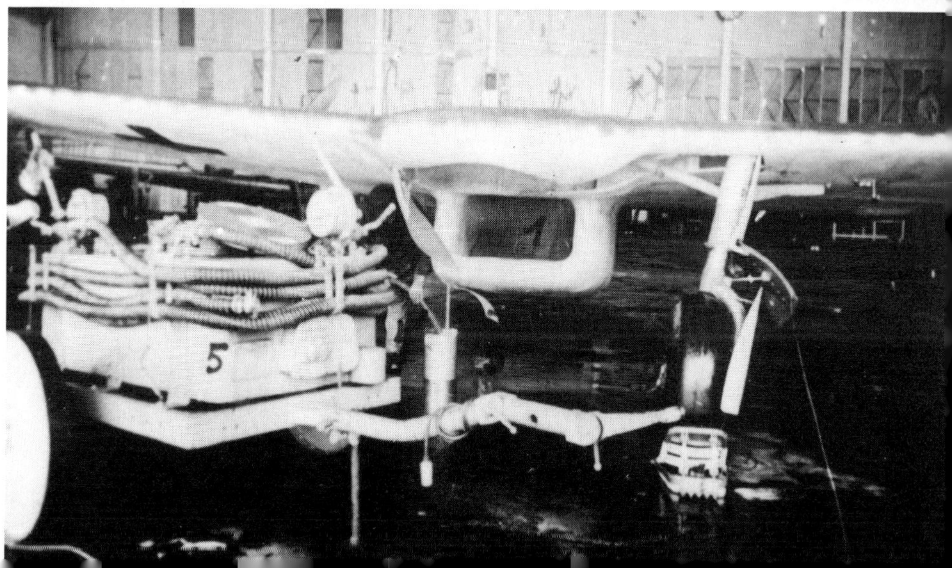

DORNIER Do 217 N

Ähnlich Do 217 J, aber DB 603-statt BMW 801-Motore. Bei Bewaffnung MG/FF meist durch MG 151/20 ersetzt. Schrägbewaffnung vier MG/FF. Alle Maschinen mit FuG 202 oder 212 "Lichtenstein BC oder C 1" ausgerüstet. Bei allen NJG bis Kriegsende im Einsatz.

Similar to Do 217 J, but DB 603 instead of BMW 801-engines. Armament MG/FF often replaced by MG 151/20. Oblique upwards firing 4 MG/FF's. All planes fitted with FuG 202 or 212 "Lichtenstein BC or C.1".

Flugzeugtyp	Dornier Do 217 N
Baujahr/Built in	1942–45
Zweck/Purpose	Nachtjäger/Nightfighter
Besatzung/Crew	4
Triebwerk/Powerplant	Daimler-Benz DB 603 A-1
Leistung PS/HP	2 x 1.750
Spannweite m/Span m	19,00
Länge m/Length m	18,10
Höhe m/Height m	4,72
Tragfläche qm	
Wing area qm	56,60
Leergewicht kg	
Empty weight kg	10.380
Fluggewicht kg	
Gross weight kg	16.500

Höchstgeschwindigkeit km/h	536
Maximal speed km/h	
Marschgeschwindigkeit km/h	510
Medium speed km/h	
Landegeschwindigkeit km/h	150
Landing speed km/h	
Steiggeschwindigkeit min/m	3/1.000
Climbs min/m	2.050
Reichweite km/Range km	8.200
Gipfelhöhe m/Ceiling m	4 MG/FF oder MG 151/20,
Bewaffnung/Armament	1 MG 131, 2 MG/FF schräg
	FuG X P, FuG 16, FuG 25A,
Ausrüstung/Equipment	FuG 101 A, FuG 202,
	A Peil ZA6

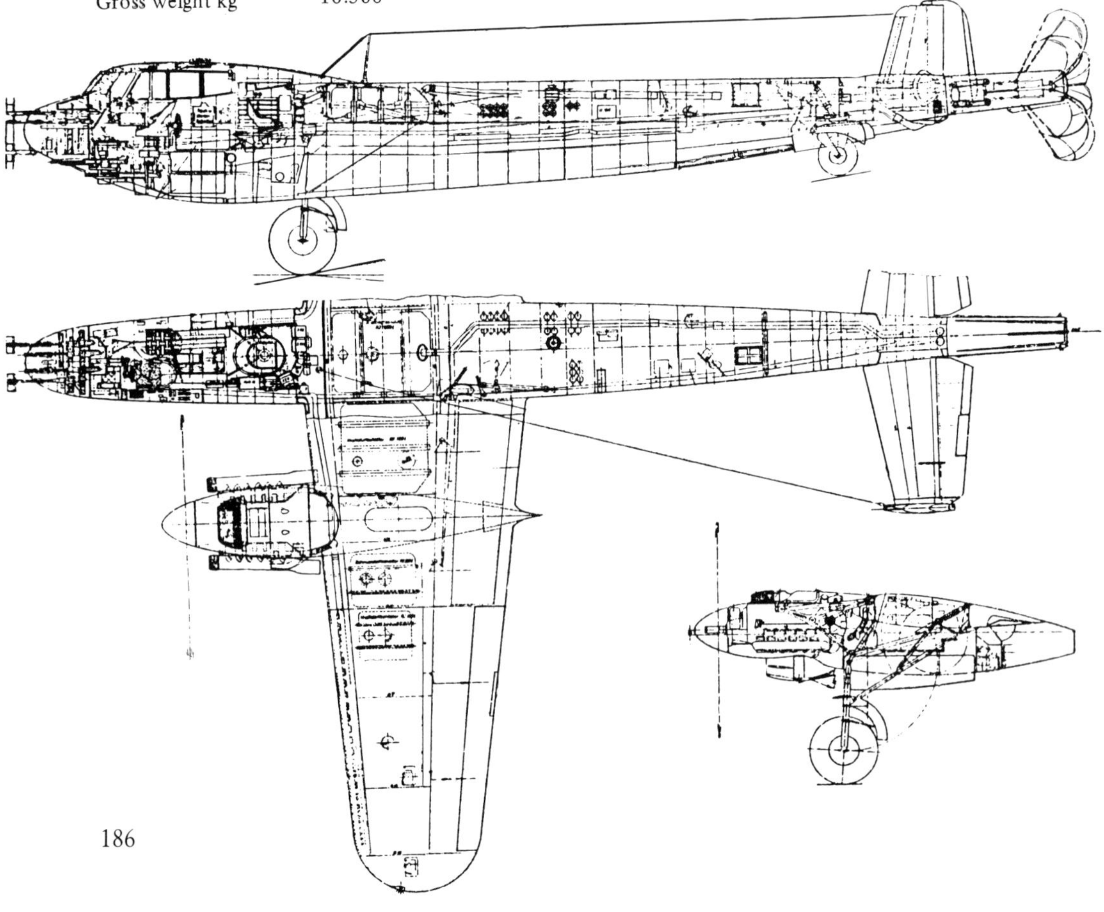

Dornier Do 217 N-2

Dornier Do 217 N-2, FuG 202 Lichtenstein BC.

Dornier Do 217 N-2 PE+AW

DORNIER Do 335

Zweimotoriger Jagdeinsitzer, Triebwerke in Tandemanordnung. Ganzmetall-Tiefdecker mit einziehbarem Bugradfahrwerk. Es wurden 14 Versuchsmaschinen, 10 Do 334 A-0 und drei zweisitzige A-12 gebaut. 15 bis 20 Maschinen befanden sich bei Kriegsende noch im Bau. Überragende Flugeigenschaften.

Twin-engined single-seater fighter with tandem installation of the both engines. All-metal low-wing monoplane with retractable nosewheel landing gear. 14 experimental aircraft, 10 Do 335 A-0 and three two-seater A-12 were built. When war ended 15 to 20 airplanes of different versions were still under construction. The Do 335 had an excellent performance.

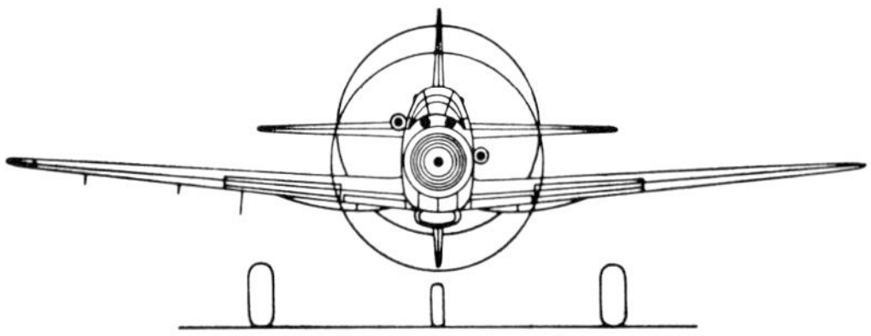

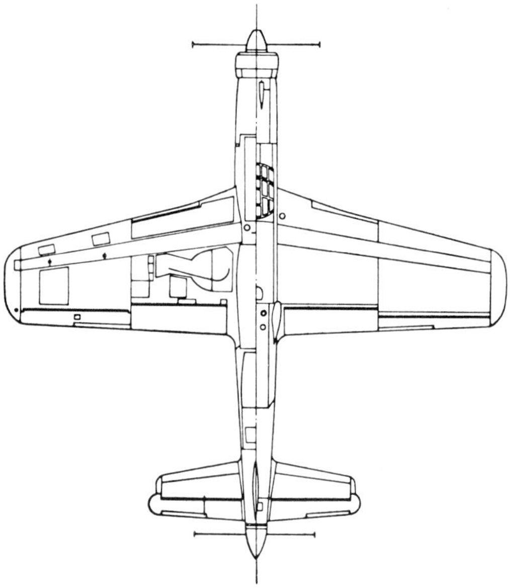

Flugzeugtyp	Dornier Do 335 A-0
Baujahr/Built in	1943–45
Zweck/Purpose	Jäger/Fighter
Besatzung/Crew	1
Triebwerk/Powerplant	Daimler-Benz DB 603 A
Leistung PS/HP	2 x 1.750 PS
Spannweite m/Span m	13,80
Länge m/Length m	13,85
Höhe m/Height m	5,00
Tragfläche qm	
Wing area qm	38,50
Leergewicht kg	
Empty weight kg	7.105
Fluggewicht kg	
Gross weight kg	8.700
Höchstgeschwindigkeit km/h	
Maximal speed km/h	770
Marschgeschwindigkeit km/h	
Medium speed km/h	685
Landegeschwindigkeit km/h	
Landing speed km/h	180
Steiggeschwindigkeit min/m	
Climbs min/m	11,3/8.000
Reichweite km/Range km	1.480
Gipfelhöhe m/Ceiling m	11.500
Bewaffnung/Armament	1 MK 103 + 2 MG 151/20
Ausrüstung/Equipment	FuG X, FuG 25, FuG 16Z

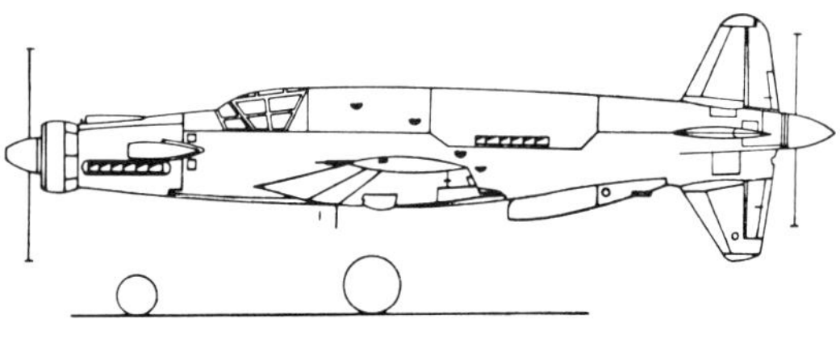

Dornier Do 335 A-0

Dornier Do 335 A-02

Dornier Do 335 V 14 (B-0)

FOCKE-WULF Fw 190 D-9

Entstand im Mai 1944 durch Einbau des Jumo 213, von dem größere Mengen durch den Bomber-Baustop freigeworden waren. Höhenleistung der Fw 190 dadurch erheblich verbessert. Musterflugzeuge Fw 190 V 17 / U 1, V 53 und V 54. Es wurden 674 Maschinen gebaut ab Werknummer 210001. Verbesserte Ausführung Fw 190 D-11 nur noch fünf Maschinen.

Developed in May 1944 by installation of the Jumo 213 instead of BMW 801. Larger quantities of this engine had become available due to halting of bomber production. Climb of Fw 190 considerably improved with this engine. Prototypes were Fw 190 V 17/U1, V 53 and V 54. 674 aircraft of this type were built off W.Nr. 210001. Improved version Fw 190 D-11, only five aircraft built.

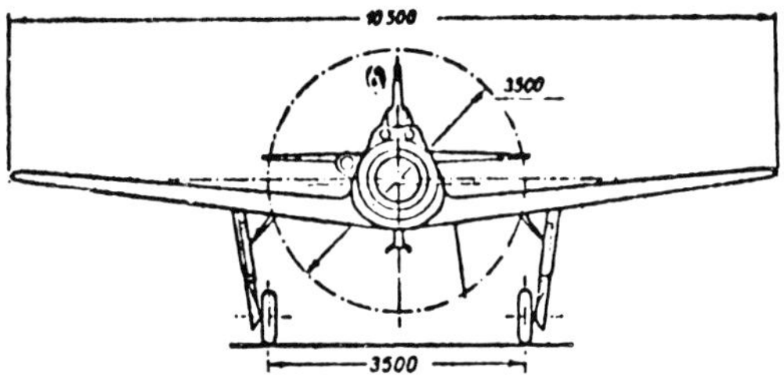

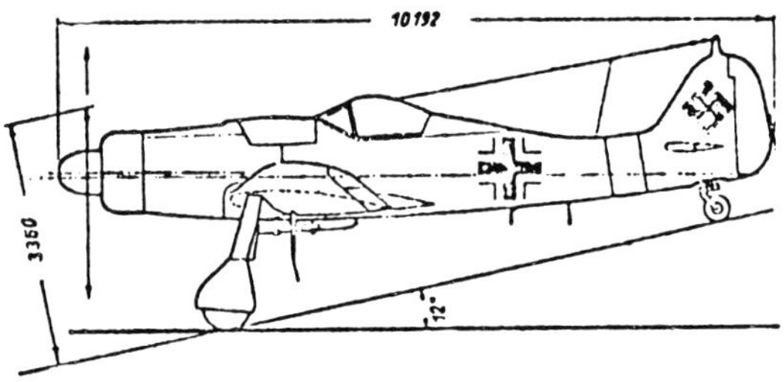

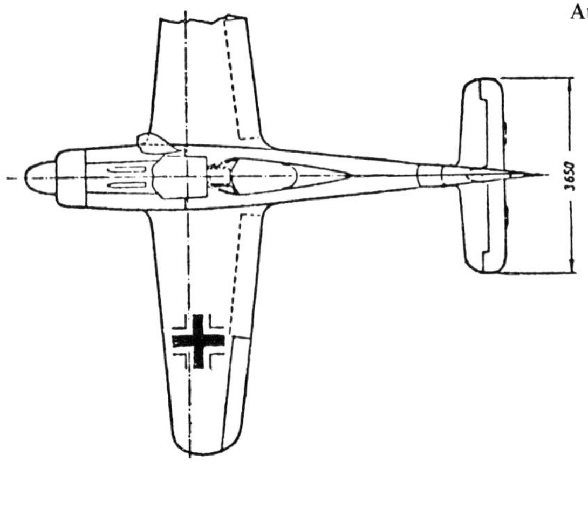

Flugzeugtyp	Focke-Wulf Fw 190 D-9
Baujahr/Built in	1943
Zweck/Purpose	Jäger/Fighter
Besatzung/Crew	1
Triebwerk/Powerplant	Jumo 213 A-1
Leistung PS/HP	1.750
Spannweite m/Span m	10,50
Länge m/Length m	10,24
Höhe m/Height m	3,36
Tragfläche qm Wing area qm	18,30
Leergewicht kg Empty weight kg	3.490
Fluggewicht kg Gross weight kg	4.270
Höchstgeschwindigkeit km/h Maximal speed km/h	685
Marschgeschwindigkeit km/h Medium speed km/h	590
Landegeschwindigkeit km/h Landing speed km/h	130
Steiggeschwindigkeit min/m Climbs min/m	–
Reichweite km/Range km	1.500
Gipfelhöhe m/Ceiling m	10.000
Bewaffnung/Armament	2 MG 151/20, 2 MG 131
Ausrüstung/Equipment	FuG 16 ZY, FuG 25 MW 50

Focke-Wulf Fw 190 V 53 (D-9) W.Nr. 170003 DU+JC

Focke-Wulf Fw 190 D-9 W.Nr. 210051

Focke-Wulf Fw 190 V 56 (D-11) W.Nr. 170924

FOCKE-WULF Ta 152 H

Höhenjäger mit vergrößerter Spannweite. Musterflugzeuge Fw 190 V 18/U2, V 29/U1, V 30/U1, V 32/U1 und V 33/U1 Juli bis September 19144 gebaut. Ta 152 H-0 18 Maschinen W.Nr. 150001 bis 150018 in Cottbus gebaut. Ta 152 H-1 acht Maschinen in Cottbus und drei in Sorau von November 1944 bis März 1945 gebaut. Ta 152 H-1/R11 Schlechtwetterjäger mit FuG 16 ZY, FuG 125 und LGW K 23 nur wenige Maschinen bis Kriegsende gebaut.

High altitude fighter with enlarged wingspan. Prototypes Fw 190 V 18/U2 V 29/U1, V 30/U1, V 32/U1 and V 33/U1 built July to September 1944. Ta 152 H-0 18 aircraft W.Nr. 150001–150018 built in Cottbus. Ta 152 H-1 eight built in Cottbus and three in Sorau from November 1944 to March 1945. Ta 152 H-1/R11 all-weather fighter with FuG 16 ZY, FuG 125 and LGW K 23 only a few planes built by end of war.

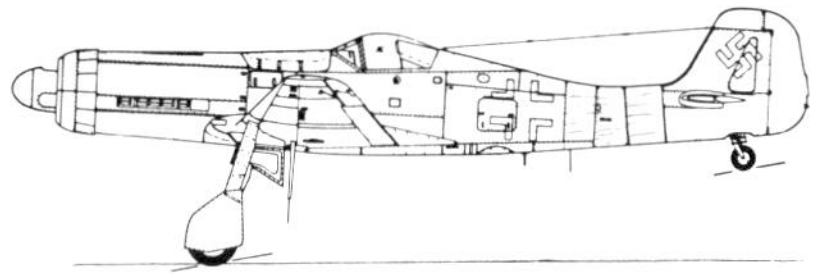

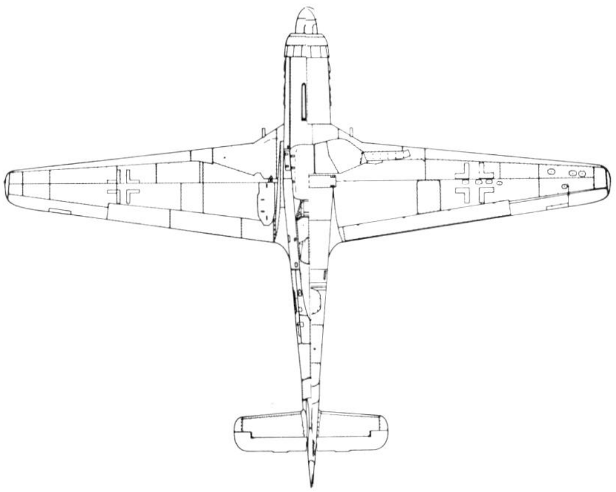

Flugzeugtyp	Focke-Wulf Ta 152 H
Baujahr/Built in	Ende 1944
Zweck/Purpose	Höhenjäger/ High altitude fighter
Besatzung/Crew	1
Triebwerk/Powerplant	Jumo 213 E
Leistung PS/HP	1.730 PS
Spannweite m/Span m	14,44
Länge m/Length m	10,71
Höhe m/Height m	3,36
Tragfläche qm Wing area qm	23,30
Leergewicht kg Empty weight kg	3.920
Fluggewicht kg Gross weight kg	5.220
Höchstgeschwindigkeit km/h Maximal speed km/h	750
Marschgeschwindigkeit km/h Medium speed km/h	500
Landegeschwindigkeit km/h Landing speed km/h	155
Steiggeschwindigkeit min/m Climbs min/m	–
Reichweite km/Range km	1.550
Gipfelhöhe m/Ceiling m	14.800
Bewaffnung/Armament	1 MK 108, 2 MG 151/20
Ausrüstung/Equipment	FuG 16 ZY, FuG 25a, FuG 125, GM-1 od. MW 50

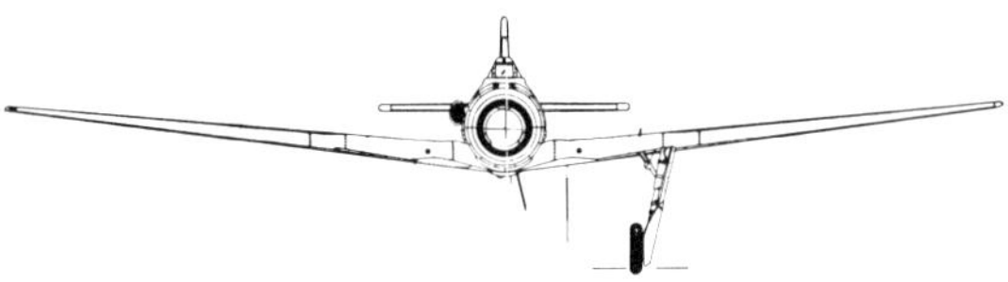

Focke-Wulf Fw 190 V 29/U1, GH+KS, W.Nr. 0054 (Prototyp Ta 152 H-0)

Focke-Wulf Ta 152 H-0 W.Nr. 150003 USA-FE 112

Focke-Wulf Ta 152 H-0 W.Nr. 150003 USA-FE 112

FOCKE-WULF Ta 152 C

Verbesserte Weiterentwicklung aus Fw 190 D. Nur Musterflugzeuge Ta 152 V 7, V 8 und einige Ta 152 C-1/R11, Schlechtwetterjäger mit FuG 125 und LGW K 23. C-2 nicht gebaut, C-3 nur Ta 152 V 16, C-4 Versuchsmuster nicht mehr fertiggestellt. Alle anderen Februar/März 1945 gebaut und eingesetzt.

Improved development of Fw 190 D. Only the prototypes Ta 152 V 7, V 8 and some Ta 152 C-1/R11 with FuG 125 and LGW K 23 built in February to March 1945; C-2 not built, C-3 only Ta 152 V 16, C-4 prototypes not completed by end of war. The few Ta 152 C-1/R11 in action as all-weather fighter.

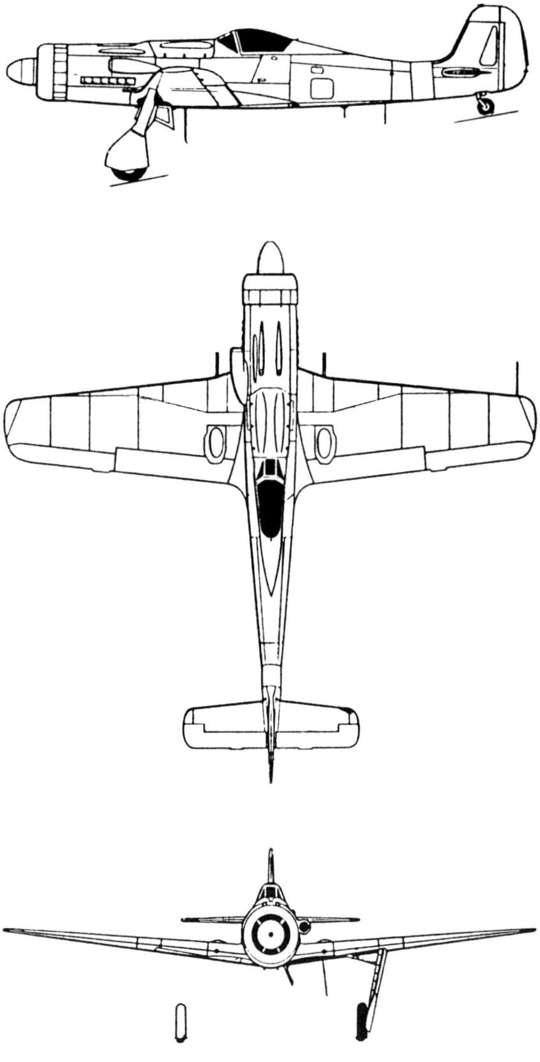

Flugzeugtyp	Focke-Wulf Ta 152 C
Baujahr/Built in	Ende 1944
Zweck/Purpose	Jäger/Fighter
Besatzung/Crew	1
Triebwerk/Powerplant	Daimler-Benz DB 603LA
Leistung PS/HP	2.100
Spannweite m/Span m	11,00
Länge m/Length m	10,81
Höhe m/Height m	3,38
Tragfläche qm Wing area qm	19,50
Leergewicht kg Empty weight kg	4.014
Fluggewicht kg Gross weight kg	5.322
Höchstgeschwindigkeit km/h Maximal speed km/h	750
Marschgeschwindigkeit km/h Medium speed km/h	520
Landegeschwindigkeit km/h Landing speed km/h	174
Steiggeschwindigkeit min/m Climbs min/m	–
Reichweite km/Range km	1.480
Gipfelhöhe m/Ceiling m	11.500
Bewaffnung/Armament	1 MK 108, 2 MG 151/20
Ausrüstung/Equipment	FuG 16 ZY, FuG 25a, FuG 125

Focke-Wulf Fw 190 V 68 (Ta 152 B) ex Fw 190 V 53

Focke-Wulf Ta 152 V 7 W.Nr. 110007, CI+XM

Focke-Wulf Ta 152 V 7 (Prototyp Ta 152 C-0/R11)

FOCKE-WULF Ta 154

Wurde aufgrund einer Forderung des RLM nach einem Nachtjäger in Holzbauweise 1942 entwickelt. Schulterdecker mit Bugradfahrwerk. Musterflugzeug Ta 154 V 1, TE+FE, startete am 7. Juli 1943 zum Erstflug. Ta 154 V 1 und V 2 noch mit Jumo 211 J, spätere Maschinen mit Jumo 213 ausgerüstet. Insgesamt 15 Versuchsmaschinen und zwei Serienmaschinen Ta 154 A-1 gebaut. Beide Serienmaschinen stürzten ab. Leim für Holzteile erwies sich als säurehaltig und griff Holz an. Es wurden dann nur noch fünf Ta 154 A-1 fertiggestellt.

Designed in 1942 to meet the requirement of the Air Ministry for a night fighter of wooden construction. Shoulder-wing monoplane with retractable nose-wheel landing-gear. Prototype Ta 154 V1, TE+FE, made its maiden flight 7th July 1943. Ta 154 V 1 and V 2 still with Jumo 211 J, all other Ta 154's fitted with Jumo 213. 15 experimental planes and two Ta 154 A-1 production planes built. Both Ta 154 A-1 crashed. It was ascertained that the glue bonding the wood contained too much acid which weakened the joints. Only five Ta 154 A-1 were still completed by end of war.

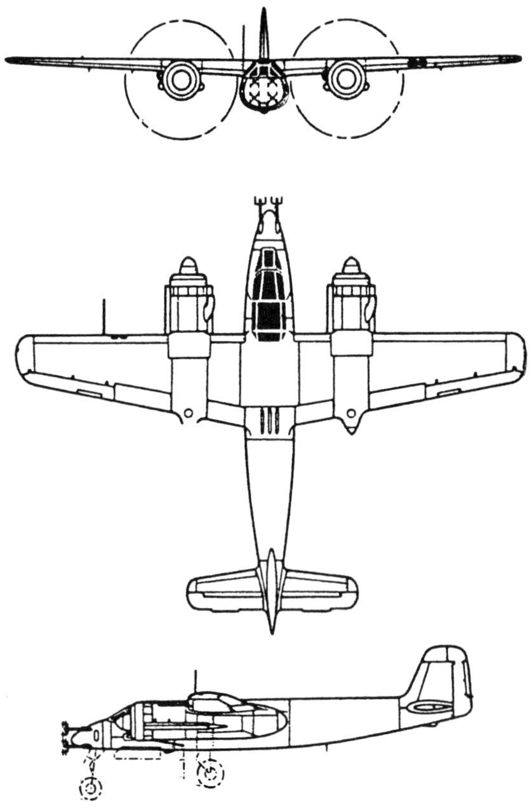

Flugzeugtyp	Focke-Wulf Ta 154 A
Baujahr/Built in	1943/44
Zweck/Purpose	Nachtjäger/Nightfighter
Besatzung/Crew	2
Triebwerk/Powerplant	Jumo 211 R
Leistung PS/HP	2 x 1.500
Spannweite m/Span m	16,00
Länge m/Length m	12,60
Höhe m/Height m	3,67
Tragfläche qm Wing area qm	32,40
Leergewicht kg Empty weight kg	–
Fluggewicht kg Gross weight kg	8.845
Höchstgeschwindigkeit km/h Maximal speed km/h	632
Marschgeschwindigkeit km/h Medium speed km/h	–
Landegeschwindigkeit km/h Landing speed km/h	–
Steiggeschwindigkeit min/m Climbs min/m	14,5/800
Reichweite km/Range km	1.370
Gipfelhöhe m/Ceiling m	10.920
Bewaffnung/Armament	4 MK 108, 2 MG 151/20
Ausrüstung/Equipment	FuG 16 ZE, Peil G 6, FuBl 2F FuG 25a, FuG 101, FuG 212

Focke-Wulf Ta 154 V 1 TE+FE

Focke-Wulf Ta 154 V 15 TQ+XE, FuG 220

HEINKEL He 162

Entwurf Siegfried Günter. Erster Entwurf 10. Juli 1944 als Projekt 1073. Siegte im Wettbewerb mit Arado E.580 und Blohm & Voss P.211. Erstflug He 162 V 1 6. Dezember 1944 unter Flugkapitän Peter. Vier Tage später Todessturz durch schlechte Verleimung und falsche Werkstoffe. Weitere V-Muster bis Januar 1945. Truppenerprobung in Rechlin und Lechfeld. Gleichzeitig Umschulung der I./JG 1. Umrüstung I./JG 1 6. Februar 1945 in Parchim. II./JG 1 folgte. Erster Einsatz 26. April 1945. 50 Maschinen des JG 1 im Mai 1945 an Engländer übergeben.

Design Siegfried Günter. First design on 10th July 1944 as Project 1073. Winner in jet fighter contest with Arado E 580 and Blohm & Voss P.211. First flight on 6th December 1944 of He 162 V 1 with Fl.Cpt. Peter at the controls. Four days later he crashed fatally with He 162 V 1 because of bad glueing and wrong materials. More prototypes until January 1945. Tested by squadrons in Rechlin and Lechfeld. At the same time training of pilots of I./JG 1. First delivery of He 162's to I./JG 1 in Parchim on 6th February 1945. II./JG 1 got the next ones. First combat action 26th April 1945. 50 He 162's of JG 1 surrendered May 1945 to British troops.

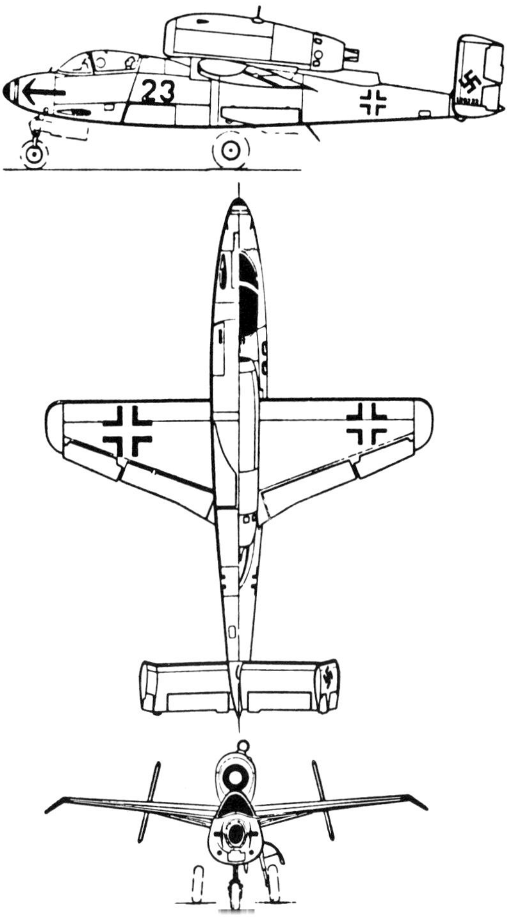

Flugzeugtyp	Heinkel He 162 A-1
Baujahr/Built in	1945
Zweck/Purpose	Jäger/Fighter
Besatzung/Crew	1
Triebwerk/Powerplant	BMW 003 E
Leistung kp	920
Spannweite m/Span m	7,30
Länge m/Length m	9,05
Höhe m/Height m	2,60
Tragfläche qm Wing area qm	11,16
Leergewicht kg Empty weight kg	1.663
Fluggewicht kg Gross weight kg	2.907
Höchstgeschwindigkeit km/h Maximal speed km/h	790
Marschgeschwindigkeit km/h Medium speed km/h	620
Landegeschwindigkeit km/h Landing speed km/h	175
Steiggeschwindigkeit min/m Climbs min/m	–
Reichweite km/Range km	620
Gipfelhöhe m/Ceiling m	8.000
Bewaffnung/Armament	2 MK 108
Ausrüstung/Equipment	FuG 16 ZY, FuG 125

Heinkel He 162 A-2 W.Nr. 120230

Heinkel He 162 A-2 W.Nr. 120222

Heinkel He 162 A-2 W.Nr. 120222

HORTEN Ho 229 (Ho IX)

Entwurf: Reimar und Walter Horten. Nurflügeljäger mit Strahlantrieb. Zwei Musterflugzeuge wurden gebaut, Ho IX V 1 ohne Antrieb, Ho IX V 2 mit zwei Jumo 004 Strahlturbinen. Ho IX V I flog erstmals mit Oberleutnant Scheidhauer am Steuer im März 1944. Ho IX V 2 Erstflug Januar 1945. Tödlicher Absturz Pilot Ziller am 26. Februar 1945. Sollte bei Gothaer Waggon-Fabrik gebaut werden als Go 229. Musterflugzeug Go 229 V 3 bei Kriegsende unvollendet nach USA überführt.

Design: Reimar and Walter Horten. All-wing jet fighter. Two prototypes were built: Ho IX without engines, Ho IX V 2 with two Jumo 004 turbojets. First flight Ho IX V 1 with Lt. Scheidhauer at the controls March 1944. Ho IX V 2 first flight January 1945. Fatal crash with pilot Ziller on 26th February 1945. Was to be production-built at Gothaer Waggon-Fabrik as Go 229. Prototype Go 229 V 3 fell in allied hands uncompleted and was transferred to USA.

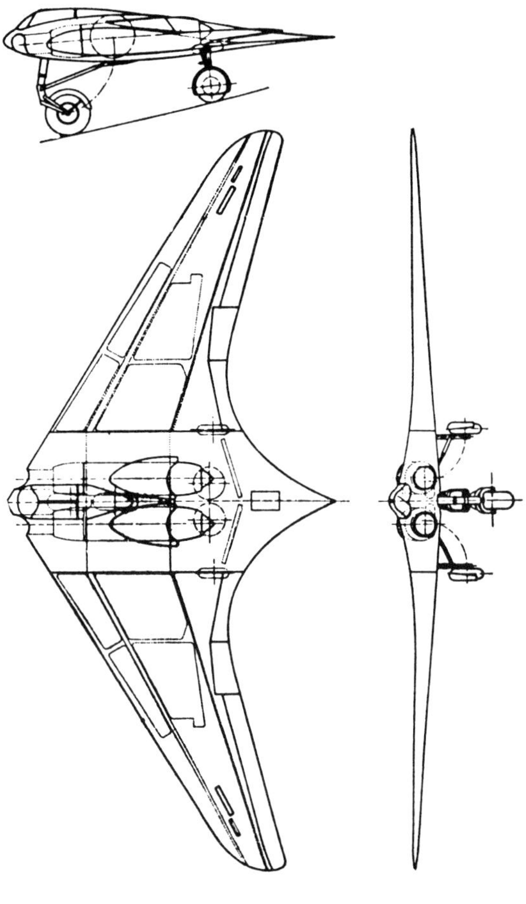

Flugzeugtyp	Horten Ho IX (Ho 229)
Baujahr/Built in	1943
Zweck/Purpose	Versuchsjäger/ Experimental fighter
Besatzung/Crew	1
Triebwerk/Powerplant	Jumo 004 B
Leistung kp	2 x 800
Spannweite m/Span m	16,70
Länge m/Length m	7,47
Höhe m/Height m	2,81
Tragfläche qm Wing area qm	52,50
Leergewicht kg Empty weight kg	–
Fluggewicht kg Gross weight kg	8.500
Höchstgeschwindigkeit km/h Maximal speed km/h	1.000
Marschgeschwindigkeit km/h Medium speed km/h	900
Landegeschwindigkeit km/h Landing speed km/h	130
Steiggeschwindigkeit min/m Climbs min/m	1/1.290
Reichweite km/Range km	1.930
Gipfelhöhe m/Ceiling m	15.600
Bewaffnung/Armament	4 MK 108
Ausrüstung/Equipment	FuG 16 Z, FuG 25

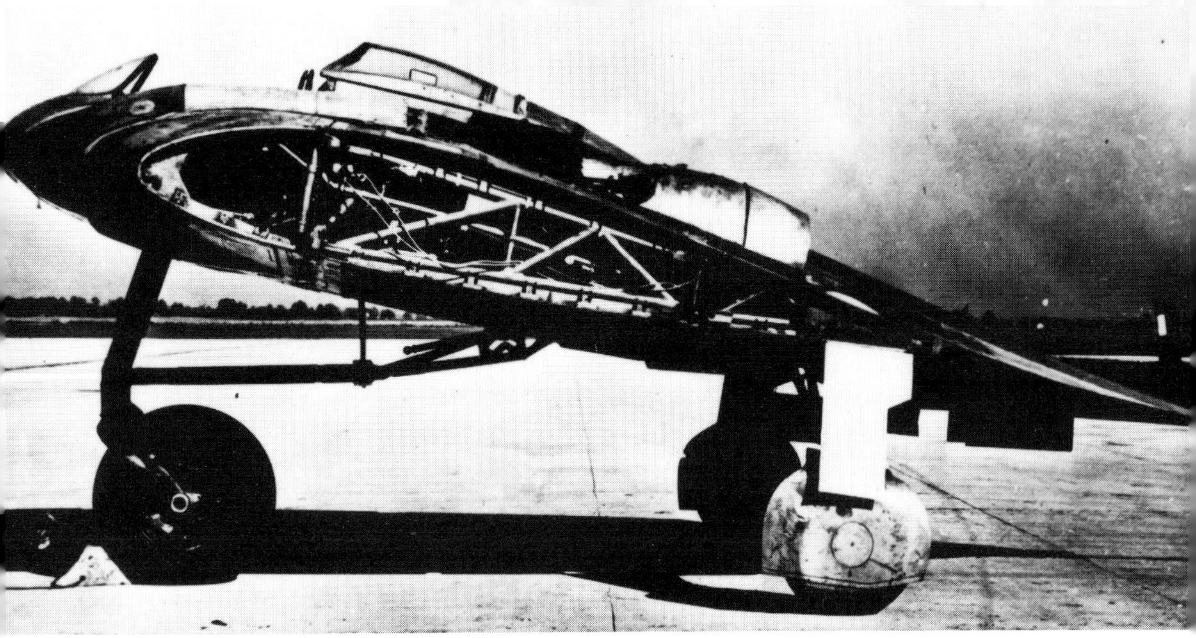

Horten Ho 229 V 2

JUNKERS Ju 88 G-6

Verbesserte Weiterentwicklung der Ju 88 G-1. BMW 801 durch Jumo 213 ersetzt. Funkausrüstung erweitert, FuG 220 und 350 serienmäßig. Teilweise noch FuG 228 "Lichtenstein SN 3" eingebaut. Antenne "Großes Hirschgeweih" teilweise durch "Morgenstern" ersetzt. Geplant war noch Ju 88 G-7 mit Ju 188-Tragflächen. Da Flächen nicht mehr verfügbar, als G-6 geliefert. Bei allen Nachtjagdverbänden, außer NJG 1 bis Kriegsende im Einsatz.

Improved development of Ju 88 G-1. BMW 801 replaced by Jumo 213. Improved radar equipment FuG 220 and 350 in all planes. Also some FuG 228 "Lichtenstein SN 3" installed. Antenna "Big staghorn" partially replaced by "Morning star". Projected Ju 88 G-7 with Ju 188-wings could not be built as these wings were lacking, so they were completed as G-6. They were in action with all night fighter units except NJG 1 to end of war.

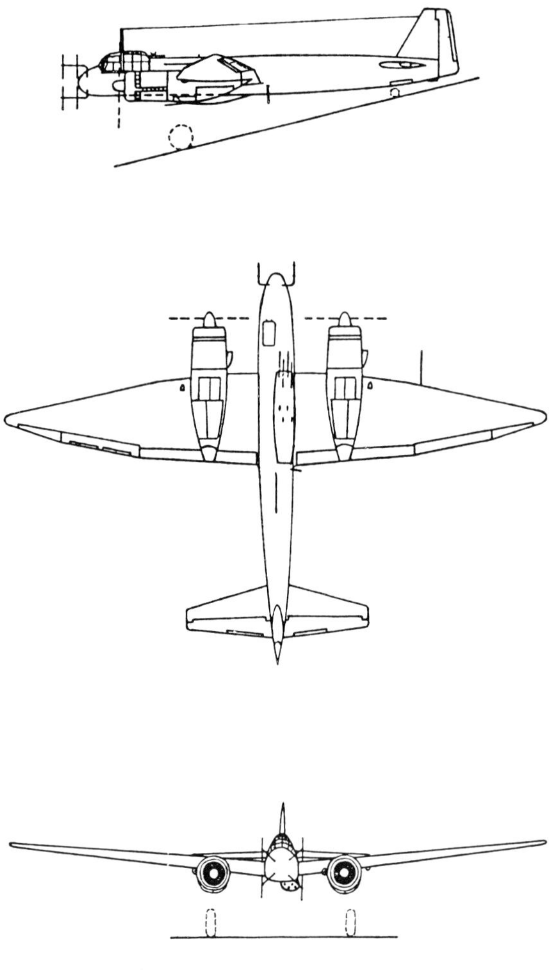

Flugzeugtyp	Junkers Ju 88 G-6/G-7
Baujahr/Built in	1944/45
Zweck/Purpose	Nachtjäger/Nightfighter
Besatzung/Crew	3
Triebwerk/Powerplant	Jumo 213 A
Leistung PS/HP	2 x 1.750
Spannweite m/Span m	20,08/22,00
Länge m/Length m	15,50
Höhe m/Height m	5,07
Tragfläche qm Wing area qm	54,70/58,00
Leergewicht kg Empty weight kg	–
Fluggewicht kg Gross weight kg	12.400/13.000
Höchstgeschwindigkeit km/h Maximal speed km/h	580/643
Marschgeschwindigkeit km/h Medium speed km/h	–
Landegeschwindigkeit km/h Landing speed km/h	170/175
Steiggeschwindigkeit min/m Climbs min/m	–
Reichweite km/Range km	2.200/2.220
Gipfelhöhe m/Ceiling m	9.550/9.800
Bewaffnung/Armament	4 MG 151/20, 2 MG 151/20 schräg, 1 MG 131
Ausrüstung/Equipment	FuG 228, FuG 351 Z, FuG 101a, FuG 16 ZY

Junkers Ju 88 G-6, I./NJG 100.

Junkers Ju 88 G-6, Wunstorf 1945.

Junkers Ju 88 G-6 3C+GB, NJG 4, Green Park, London.

MESSERSCHMITT Bf 109 G-10

Diese Version ersetzte ab Frühjahr 1944 die G-6 und war bis Kriegsende im Einsatz. Die sogenannte "Galland"-Haube, die teilweise bereits bei der G-6 eingebaut worden war, war bei G-10 serienmäßig. Die charakteristische "Beule" war bei G-10 verschwunden, da man die Motorabdeckung vergrößert und so das MG 131 über dem Motor mit einbezogen hatte. Die später entstandenen G-14 und G-16, sowie die K-Serie unterschieden sich äußerlich nur wenig von der G-10.
G-12 war ein zweisitziger Jagdtrainer, der aus der G-1 entstanden war.

This version replaced the G-6 from spring 1944 and was in action until the end of the war. The so-called "Galland"-hood, which had already been fitted to some of the G-6, was a standard fitting in the G-10. The characteristic bulge in the engine-cowling, which had been made necessary by the installation of the MG 131's over the engine, disappeared in the G-10, because the diameter of the cowling had been enlarged. The follwing G 14, G-16 and the K-series had only small external differences to G-10. G-12 was a two-seater trainer derived from the G-1 series.

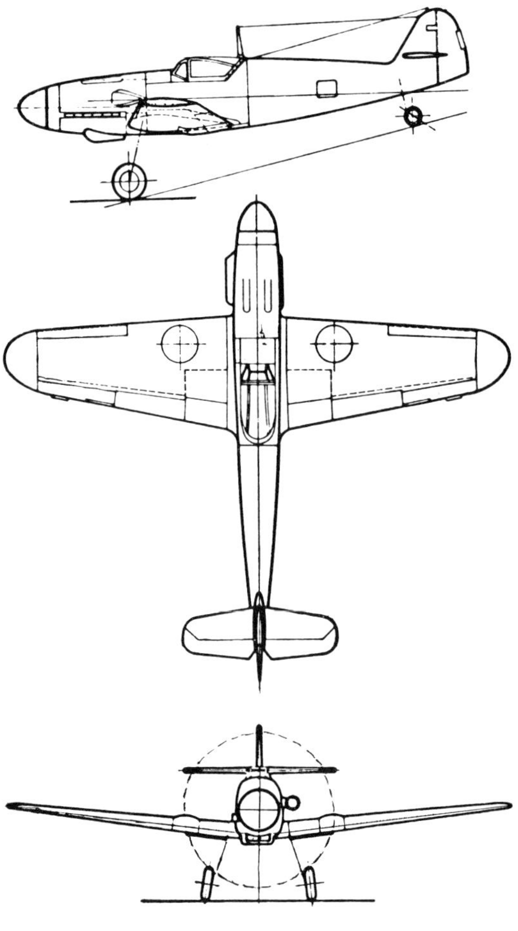

Flugzeugtyp	Messerschmitt Bf 109 G-10
Baujahr/Built in	1944
Zweck/Purpose	Jäger/Fighter
Besatzung/Crew	1
Triebwerk/Powerplant	Daimler-Benz DB 605 D
Leistung PS/HP	1.435
Spannweite m/Span m	9,92
Länge m/Length m	8,85
Höhe m/Height m	2,50
Tragfläche qm Wing area qm	16,10
Leergewicht kg Empty weight kg	–
Fluggewicht kg Gross weight kg	3.678
Höchstgeschwindigkeit km/h Maximal speed km/h	685
Marschgeschwindigkeit km/h Medium speed km/h	525
Landegeschwindigkeit km/h Landing speed km/h	145
Steiggeschwindigkeit min/m Climbs min/m	–
Reichweite km/Range km	640
Gipfelhöhe m/Ceiling m	12.000
Bewaffnung/Armament	1 MK 108, 2 MG 131
Ausrüstung/Equipment	FuG VII, FuG 16 ZY, FuG 25a

Messerschmitt Bf 109 G-10/R1, JG 3.

Messerschmitt Bf 109 G-10, Salzburg 1945.

Messerschmitt Bf 109 G-10, Neubiberg 1945.

MESSERSCHMITT Me 262 A-1a

Erstes serienmäßig gebautes Strahlflugzeug der Welt, das im Fronteinsatz geflogen wurde. Kam im Juli 1944 zur Truppe. Erster Einsatz durch Hauptmann Thierfelder vom Erprobungskommando 262 am 28. Juli 1944 über Kaufering, der beim Angriff auf Bomber-Formation durch P-51 abgeschossen wurde. Erfolg 26. Juli 1944 durch Abschuß einer DH 98 Mosquito durch Leutnant Alfred Schreiber. Es wurden insgesamt 1.294 Me 262 gebaut.

First jet fighter, which was production-built and flown in the front-line. First planes delivered to the units in July 1944. First action on 18th July 1944 when Cpt. Thierfelder was shot down over Kaufringen in Bavaria by P-51's. First success by Lt. Alfred Schreiber, who downed a DH 98 Mosquito on 26th July 1944. Altogether 1,294 Me 262's were produced.

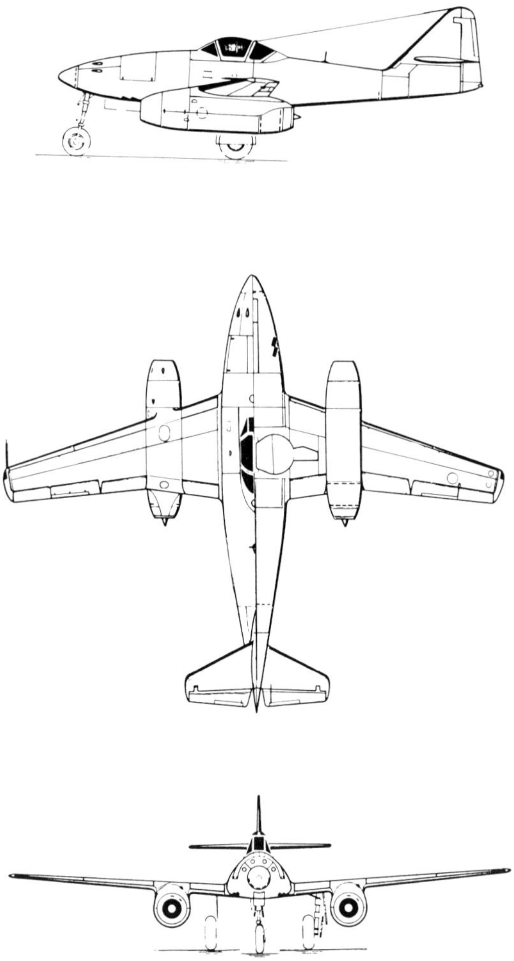

Flugzeugtyp	Messerschmitt Me 262 A-1a
Baujahr/Built in	1943
Zweck/Purpose	Jäger/Fighter
Besatzung/Crew	1
Triebwerk/Powerplant	Jumo 004 B
Leistung kp	2 x 900
Spannweite m/Span m	12,65
Länge m/Length m	10,60
Höhe m/Height m	3,83
Tragfläche qm Wing area qm	21,70
Leergewicht kg Empty weight kg	4.000
Fluggewicht kg Gross weight kg	6.775
Höchstgeschwindigkeit km/h Maximal speed km/h	870
Marschgeschwindigkeit km/h Medium speed km/h	–
Landegeschwindigkeit km/h Landing speed km/h	175
Steiggeschwindigkeit min/m Climbs min/m	7,5/6.000
Reichweite km/Range km	845
Gipfelhöhe m/Ceiling m	11.400
Bewaffnung/Armament	4 MK 108
Ausrüstung/Equipment	FuG X, FuG 16 ZY, FuG 101

Messerschmitt Me 262 A-1a, 9./JG 7, Dübendorf/Schweiz, 25. April 1945.

Messerschmitt Me 262 A-1a, 3./JG 7, 15. April 1945.

Messerschmitt Me 262 A-1a, Perleberg, 15. April 1945.